막걸리 이야기

차례
Contents

오덕삼반 ^(五德三反)의 술 '막걸리' 9가지 이야기

하나, 물에서 불이 났구나!

어머니의 향이 풍기는 고두밥을 항아리에 가득 채우고
쥐도 고양이도 알지 못하게 숨겨 놓았다.
항아리 안에는 효모가 아무도 보지 못하는
어둠 속에서 춤을 춘다.
뜨거운 방에 이불을 덮어쓰고 보글보글
땀을 흘리며 나의 코를 자극하기도 한다.
가끔은 여인네의 젖가슴처럼 부풀어 오르기도 한다.

경남 밀양의 고찰인 표충사로 가는 길목에 자리 잡은 단장

양조장 주인장이 지은 막걸리 시의 한 구절이다. 막걸리의 기본
재료는 멥쌀, 찹쌀 등 전분을 가진 곡물과 누룩 그리고 물이다.
항아리 안에는 어머니의 향과 같이 밥 냄새를 풍기는 고두밥과
누룩, 물이 함께 어우러져 있었을 것이다. 시간이 지나자 이불
을 뒤집어쓴 항아리에서 보글보글 끓는 소리가 들려온다. 가만
히 안을 들여다보니 술덧(술독에 고두밥과 누룩과 물을 넣어 발효시킨
것. 주요(酒醪)라고도 함.)에 크고 작은 거품이 일고 있다. 한껏 부
풀어 오른 거품이 양조장 주인장에게는 마치 여인네의 젖가슴
처럼 보였나 보다. 술의 원초적 생명력이 느껴진다.

　술덧에 거품이 이는 것은 눈에 보이지는 않지만 누룩 속의
효모가 왕성하게 활동하고 있기 때문이다. 옛사람들은 불을 지
피지도 않았는데 마치 항아리에 불을 지핀 듯 거품이 나는 것
이 마냥 기이하였다. 술을 만들어 내는 알코올 발효 과정, 즉
미생물들의 향연을 알지 못한 그들은 '물에서 난데없이 불이
난다'고 생각했다. 그리하여 이 초자연적인 현상을 '수불(물을 의
미하는 한자어 '수'에 '불'을 합성)'이라 하였다. 우리가 하루에도 몇
번씩 쓰는 '술'이라는 말이 바로 이 수불에서 수울→수을→술
로 변화되어 만들어졌다는 설도 있다. 부풀었다 터졌다 하며
끓어오르던 수불(거품)이 희미한 숨소리와 함께 눈 녹듯이 사라
져 가면 알코올 발효가 끝나고 있는 것이다.

둘, 막 걸러 막걸리로구나!
　수불이 나는 격동기를 보내고 알코올 발효를 끝낸 술덧은

평온한 수면처럼 고요하다. 다 익은 술(덧)을 어떻게 채주(술을 거르는 것)하느냐에 따라 술의 갈 길이 달라진다. 대나무로 촘촘히 짠 용수(원통형 모양의 술 거르는 용구)를 술덧에 넣은 뒤 용수 안에 고인 것을 뜬 것이 청주(淸酒) 또는 약주(藥酒)다. 용수를 넣지 않고 위에 고인 술만 뜨기도 한다. 가라앉은 술지게미가 들어가지 않은 연황금색에서 짙은 담갈색을 띤 맑은 술이지만 소주처럼 투명하지는 않다.

> 청주를 뜨지 않고 그대로 거르거나 청주를 떠내고 남은 지게미를 거른 것이 '탁주'이며 탁주를 거를 때 물을 첨가한 것이 '막걸리'입니다.
> – 전통주 연구가 박록담 선생님 인터뷰 중에서

즉, 막걸리란 도수를 낮추고 양을 늘리기 위해 익은 술덧에 또는 청주를 뜬 후 남은 지게미에 물을 넣어가며 체에 거른 술이다. 일반적으로 탁주와 막걸리는 같은 의미로 혼용되나 탁주가 막걸리보다 범주가 더 넓다. 막걸리는 탁주류의 하나로 물을 쳐 가며 거른 술로 설명할 수 있다. 맑게 고인 술을 조심스레 뜨는 청주와 비교하면 투박하고 거침이 없다. 이름 또한 있는 그대로 '막(마구/거칠게)+거르다' 하여 막걸리가 되었다.

현재 양조장에서 제조하는 막걸리 대부분은 청주를 뜨지 않고 그대로 채주한 12~15도 정도의 원주(原酒)에 물을 타서 알코올 도수를 6~8도로 맞춘 것이다. 제조되는 막걸리의 법적 정의는 어떻게 될까? 흥미로운 것은 막걸리는 법적 명칭이 아니라는 것이다. 막걸리를 대표하는 법적 명칭은 탁주다. 탁주를 주세법에서는 '곡류 기타 전분이 포함된 물료 또는 전분당과 국(麴) 및 물을 원료로 발효시킨 주요(술덧)를 여과하지 않고 혼탁하게 제성한 것. 또는 그 발효·제성과정에 대통령령이 정한 물료를 첨가한 것'으로 정의하고 있다.

셋, 오랜 세월만큼 그 이름 또한 많구나!

언제부터 막걸리를 빚어 마셨을까? 정확한 기원을 알기는 어렵지만 삼국 시대 이전 곡물농사가 이루어진 시기에 빚어졌을 거라는 것이 일반적인 추측이다. 고서인 『삼국사기』와 『삼국유사』에는 '맛있다'는 뜻을 갖는 미(美)와 지(旨)를 사용한 미온(美醞), 지주(旨酒)라는 말과 막걸리와 단술을 의미하는 요례(醪醴)라는 말이 나온다. 술의 원료나 만드는 법에 대해서는 언급되어 있지 않으나 이로 미루어 보아 삼국시대에 이미 막걸리와 청주 같은 술이 있었음을 짐작할 수 있다.

> 고려 사람들은 대개 술을 즐긴다. 그러나 백성은 양온서(술을 빚어 공급하던 관청)에서 빚는 좋은 술을 마시기 어렵다. 그래서 맛이 박하고 빛깔이 진한 술을 마시는데 마셔도 별로 취하지 않는다.

송나라의 서긍이 개성에 머물며 고려의 풍물을 기록한 『고려도경』의 한 구절이다. 고려 시대에는 삼국 시대부터 내려온 탁주와 청주가 더 분화되었고 원나라로부터 증류주인 소주가 들어오게 된다. '맛이 박하고 빛깔이 진한 술'은 탁주(막걸리)를 말하는 듯하다. '양온서에서 빚은 그런 좋은 술'이란 술덧에 용수를 박아 뜬 귀한 술, 청주였을 것이다.

조선 시대에 가양주 문화가 꽃을 피우면서 술 빚는 법과 종류는 한층 더 다양해진다. 또한 술의 종류와 빚는 법을 기록한 『음식디미방』『임원십육지』『산림경제』『증보산림경제』 등의 문헌들도 나오게 된다. 고급탁주라 하여 되직한 죽 형태의 이화주(梨花酒)를 비롯해 추모주(秋麰酒), 혼돈주(混沌酒)도 나왔지만 서민들이 주로 마신 술은 일반탁주인 막걸리였다.

함께 해온 세월만큼 막걸리의 별칭 또한 많다. 한자가 중심이었던 조선 말기까지 막걸리는 탁주(濁酒), 탁료(濁醪), 백주(白酒), 박주(薄酒), 재주(滓酒: 찌꺼기가 가라앉아서), 회주(灰酒: 빛깔이 잿빛이라서)로 불렸으며 '莫乞里'라는 한자로 표기하기도 했다. 글 좀 읊는 사람들은 청주를 성자(聖者), 막걸리를 현자(賢者)라 비유하기도 했다. 주당으로 알려진 시인 조지훈은 막걸리를 쌀과 누룩, 샘물로 빚었다 하여 삼도주(三道酒)라 칭하기도 했다. 또한 농사할 때 마시는 술이라 농주, 나라를 대표하는 술이라 하여 국주, 서민들이 즐겨 찾아 서민주, 일하는 사람들이 마시는 술이라 사주(事酒)라 부르기도 했으며 지역에 따라 막거리, 막걸레, 젓내기술(논산), 빽빽주(논산), 탁바리(제주), 모주(제주), 탁주배기(부산), 탁쭈(경북), 대포, 왕대포, 흐른 술 등으로 불리기도 했다.

넷, 아랫사람(농민)들이 마시던 술?

天若不愛酒(천약불애주) 하늘이 술을 사랑하지 않았다면
酒星不在天(주성부재천) 하늘에 주성이 있을 리 없고
地若不愛酒(지약불애주) 땅이 술을 사랑하지 않았다면
地應無酒泉(지응무주천) 땅에 어찌 주천이 있겠는가?
天地旣愛酒(천지기애주) 천지가 이미 술을 사랑하였으니
愛酒不愧天(애주불괴천) 술 사랑이 어찌 부끄러우랴.

– 이백의 '월하독작(月下獨酌)' 중에서

우리 땅에도 술이 나오는 샘인 주천(酒泉)이 있다. 주천강을 끼고 강원도 영월 주천면 산기슭에 있는 옹달샘이 그곳이다. 주천 덕분에 마을과 강의 이름도 주천이 되었다. 이 샘에는 이야기가 하나 전해지는데 양반이 가면 청주(약주)가 솟고, 평민이 가면 희뿌연 탁주(막걸리)가 솟았다고 한다. 어느 날 청주가 마시고 싶었던 평민이 양반 차림을 하고 샘에 갔다. 맑은 빛의 약주가 나오길 기대했으나 여느 때처럼 탁주가 나왔다. 자연이 내리는 술이거늘 어찌 이렇게 반상(班常)의 차별이 있단 말인가! 화가 난 평민은 샘에 바위를 던졌는데 그 이후 술은 나오지 않고 샘물만 나온다고 전해진다. 맑은 술 한잔하고 싶어 양반 행세까지 하고 온 평민에게 막걸리를 내렸다는 주천의 분별이 세상살이와 같아 야속하다. 『조선주조사(배상면 역/1935)』를 보면 약주는 소위 양반 계급의 자가용으로 제조·음용하였고, 탁주는 주로 서울 이남에서 제조되며 하층 계급의 음료로 한편에서는 식량으로 삼을 정도였다는 구절이 나온다.

> 용수를 박아 청주로 뜨면 깔끔한 맛은 있으나 그 양은 팍 준다. 청주는 귀한 술이었다. 한반도는 단군 이래 1960년대까지 그 집권 세력이 어떠하였든 '농민의 나라'였고, 따라서 청주를 마실 만큼 넉넉한 사람들은 많지 않았다. 막걸리는 수천 년간 한반도의 주인이었던 농민들이 마신 술이며, 그래서 막걸리를 농주(農酒)라고도 한다.
> — 맛 칼럼니스트 황교익의 '고양 막걸리' 칼럼 중에서

그렇다. 한 술독에서 나오는 술이지만 용수에 고인 청주는 양반 또는 행사 좀 하는 사람들이 즐길 수 있는 술이었다. 반면 탁주(막걸리)는 상대적으로 농민들이 들일을 할 때 점심이나 새참에 마시던 술이었다. 새참을 '술참'이라 부른 것도 이런 까닭이다.

김홍도의 풍속화 「타작」

풍속화가 김홍도의 「타작」이라는 그림을 보자. 한잔한 듯 담뱃대를 물고 늘어져 있는 밉살스러운 양반네와 웃통을 벗어던지고 벼 타작에 여념 없는 농부들의 우직한 모습이 대조적으

로 그려져 있다. 양반 옆에 놓인 술병에는 맑은 술인 청주가 담겨 있고, 타작하던 농부들이 일을 멈추고 들녘에 앉아 큰 사발에 콸콸 부어 마시던 술은 젖빛의 막걸리였을 것이다. 배고픔을 채우고 흥을 돋우는 막걸리 한 사발 들이켰을까? 가을걷이하는 농부들의 낯빛이 흐뭇하다.

김홍도의 풍속화 「타작」

다섯, 오덕삼반(五德三反)의 술

막걸리를 가리켜 '오덕삼반의 술'이라 칭송을 하는데, 오덕(五德)이라 함은 하나, 취하되 인사불성일 만큼 취하지 않는다. 둘, 출출할 때 마시면 요기가 된다. 셋, 힘이 빠졌을 때 마시면 기운을 돋는다. 넷, 마시면서 넌지시 웃으면 안 되던 일도 된다. 다섯, 더불어 마시면 응어리진 앙금이 풀린다는 말이다. 알코올 도수가 그리 높지 않으니 많이 취할 일 없고 쌀알을 뭉개 걸러냈으니 다른 술보다 영양이 좋고 걸쭉하여 시장기를 면해주고 기운을 돋게 한다. 논밭으로 나가는 새참에 막걸리가 빠지지 않았던 것도 이 때문이며 성인이며 노인들의 젖줄이라 한 것도 이 때문일 것이다. 가난한 시인이었던 천상병 시인도 '막걸리는 술이 아니고 밥이나 마찬가지다'라고 하지 않았던가!

막 거른 술이니 꾸밈없이 순하다. 순한 막걸리는 마음도 순하게 만들어 응어리진 앙금이 풀리기 쉽다.

삼반(三反)이라 함은 첫째, 반유한적(反有閑的)으로 근로지향적이다. 놀고먹는 사람이 막걸리를 마시면 배만 부르고 고약한 트림과 숙취를 부른다. 농주 또는 노동주라 불리는 막걸리가 땀 흘려 일하는 사람의 술이라는 점을 강조함이다. 둘째, 반귀족적(反貴族的)으로 서민지향적이다. 막걸리는 큰 사발에 넘실넘실 부어 마신다. 서양의 맥주와 같이 어떤 격식 없이 누구나 편히 마실 수 있는 대중성과 보편성을 갖는 서민적 정취를 강조함이다. 셋째, 반계급적(反階級的)으로 평등지향적이다. 막걸리는 계급의 잣대를 대지 않는다. 술잔의 크기만큼 대인의 기풍이 있어 모든 것을 아우른다. 군관민이 참여하는 제사나 대사 때 큰 바가지에 술을 담아 일심동체를 다질 때 돌려 마신 술이 바로 막걸리다. 이는 평등지향의 술임을 강조함이다.

술은 시대에 따라 역할이 달라지긴 하지만 막걸리는 지금도 오덕삼반에 가까운 술이다. 막걸리 앞에 붙는 '농민의 술' '서민의 술' '저렴한 술' '아랫것들의 술'이라는 수식어 때문에 이를 멀리했던 사람들도 이제는 막걸리를 찾고 있다. 이규태는 『한국인의 밥상문화』라는 책에서 '막걸리는 이처럼 반귀족, 반유한, 반계급이라는 민주주의를 구현한 철학을 지닌 술이다'라고 말하고 있다. 2000년대에 다시 대중적으로 부활한 막걸리! 각계각층에서 막걸리를 담은 잔이 더 많이 부딪히길 바란다.

여섯, 술에 세금을 매겨라!

『조선주조사』에 보면 조선 시대에 만들던 조선주에는 탁주, 약주, 소주의 3종류가 있으며 이들의 제조방법으로 보아 탁주가 가장 오랜 역사를 가진 것으로 추측한다. 또 탁주에서 재(찌꺼기)를 제거하여 청주(이후에 약주라 불림)가 생겨났고 이어 소주가 만들어졌다 해석하고 있다. 고려 시대를 거치면서 우리의 술은 크게 청주, 탁주, 소주로 나누어진다. 가양주 문화가 꽃핀 조선 시대에는 집집마다 술 익는 향이 올랐다. 봉제사(奉祭祀)와 접빈객(接賓客)을 위해, 명절을 위해, 농번기 새참을 위해, 길한 일에도 흉한 일에도 술을 빚었다. 집집마다 장맛이 다르듯 술맛 또한 달랐는데 그것이 집안의 큰 자랑이었다. 당시 여인이 갖추어야 할 큰 덕목 중 하나가 술을 빚는 것이었다. 조선 시대 음식서인 『음식디미방』에 나오는 146종류의 음식 중 51종류가 술 빚기에 관한 것으로 집안일 중 술 빚기가 얼마나 중요했는지 알 수 있다. 흉년이 들거나 나라에 큰일이 있을 때 조선의 왕들은 금주령을 내렸으나 술을 빚어 마시는 것을 막을 수는 없었다.

그런데 1900년대에 와서 가양주 문화에 전례 없던 일이 벌어진다. 그간 금주령이 내려진 적은 있었으나 술을 빚는 데 세금을 매기는 일은 없었다. 술은 막대한 세원이 될 수 있다. 자본주의 경제체제를 일찍 받아들인 일제가 그것을 간과할 리 없었다. 그들은 곧장 세금을 매기기 위해 술 빚는 일에 법적 기준을 들이대기 시작했다. 일제는 1909년 2월, 세수를 늘리기 위해 법률 제3호 '주세법'을 발표했다. 자가용(自家用), 판매용 가리지 않고 무제한면허제를 시행한 것이다. 그 후 1916년에는 '주세령'을 공포해 좀 더 강도 높은 제한면허제를 시행했다. 동시에 자가용 술에 대한 과세율을 양조장의 판매용 술보다 높게 매기고 최저생산량을 높였다. 양조장의 술을 쉽게 구할 수 있는데 누가 높은 세금을 내면서 자가용 술을 빚겠는가! 사실상 자가용 술 빚기를 금지한 것이나 마찬가지였다. 1932년 자가용 술 면허자는 단 1명이 남았고 1934년 완전히 사라진다. 조상 대대로 가문마다 집집마다 내려오던 다양한 가양주 문화는 무너지게 되고, 법적인 테두리 속에서 양조장 중심의 술 문화가 펼쳐지게 되었다.

일곱, 쌀막걸리를 금하라!

한국에서 빚는 술의 주재료는 멥쌀, 찹쌀, 잡곡 등과 같은 곡물이다. 한국전쟁이 끝난 1950~1960년대에는 시장통에서 꿀꿀이죽이 팔려나갈 정도로 만성적인 식량 부족에 시달렸다. 쌀은 부족하고 미국으로부터 원조물자인 밀가루가 대량 유입된다. 전 국민을 대상으로 칼국수, 식빵, 수제비 등 밀가루로 만든 분식이 장려되면서 식생활의 큰 변화가 오게 된다.

그러던 중 1965년, 막걸리 제조에 쌀 사용을 전면 금하는 '양곡관리법'이 발표된다. 새로운 압력에 막걸리는 큰 변혁기를 맞게 된다. 미국에서 수입된 밀가루나 옥수수로 술을 빚는 밀가루 막걸리(이하 밀막걸리) 시대가 열리게 된 것이다. 경제개발이 한창이던 1960~1970년대에는 '막걸리 전성시대'라 할 수 있을 정도로 막걸리 수요가 많았다. 한때 막걸리가 전체 술 소비량의 70~80%를 점하기도 했다. 선전가요가 동네방네 울려 퍼지던 그 시절, 도로를 닦고 산을 개간하며 건물을 올리는 데 막걸리는 노동주로 그 역할을 다했다. 그 시절 함께 했던 막걸리가 바로 밀막걸리다.

통일벼의 보급으로 대풍작이 거듭되자 1975년 쌀 자급자족을 달성하게 되고 1977년 통일벼가 남아돌자 정부는 쌀로 막걸리를 빚는 것을 의무화한다. 오랜만에 쌀막걸리를 맛볼 수 있다는 기대감은 높았으나 10여 년간 밀막걸리에 익숙해져 있던 탓일까. 쌀막걸리는 생각만큼 인기를 얻지 못했다. 쌀막걸리가 나온 지 불과 2년 뒤인 1979년 쌀이 다시 부족해지자 정부는 다시 쌀 사용을 금지하고 밀막걸리를 만들게 한다. 식량수급의 불안정이라는 이유도 있었지만 정부의 제조방침이 너무나 자주 바뀌는 바람에 당시 양조장 사람들은 '만만한 게 양조장'이라며 불만을 털어놓기도 했다. 게다가 1980년대를 거치면서 막걸리의 소비가 급격히 줄게 되었다. 그 사이에 '서민과 농민의 젖줄'이라는 이미지는 무색해지고 시대에 뒤떨어진 술, 마시면 머리가 아프고 저급한 술로 취급받게 된다.

1990년 다시 쌀막걸리 제조가 허락된다. 밀막걸리로 획일화된 막걸리 시장에 밀가루와 쌀을 혼합한 막걸리가 쌀막걸리 또는 동동주라는 이름으로 등장했다. 그러나 막걸리의 추락은 계속되고 2000년대 초반에는 술 시장 점유율 4~5%로 떨어지게 된다. 그러던 막걸리가 2008년에 들어 '저도주'와 '웰빙주'라는 수식어를 받으며 새롭게 각광받기 시작한다. '막걸리 열풍'이 일면서 막걸리를 만드는 주재료에 관한 관심이 고조되고, 정부의 국내산 쌀 소비촉진과 막걸리 육성 정책이 맞물리면서 시중에 다양한 쌀막걸리가 나오게 된다.

여덟, 가장 값이 싼 술? – 나라의 특혜를 받다

누군가 우스갯소리로 한 말이 있다. "교육에 이바지하고 싶다면 막걸리를 마시지 말고 맥주와 소주를 마셔라." 이 말의 의미는 무엇일까? 최근 '프리미엄 막걸리'라 하여 제법 가격이 나가는 막걸리가 나오고 있지만 여전히 막걸리는 '저렴한 술이다'라는 이미지가 강하다. 우리가 흔히 접할 수 있는 막걸리는 편의점에서 한 병에 1,000~1,200원 정도에 살 수 있다. 500mL 캔 맥주보다 싸다. 대중의 술이니 가격이 저렴한 것은 당연한지도 모른다. 그러나 이 가격에는 또 다른 비밀이 있다. 어느 나라든 보통 술에 부과되는 세금은 높다. 나라의 곳간을 채우는 데 주당들이 일조하고 있는 셈이다.

그러나 정부는 농민보호정책과 식량정책의 하나로 막걸리에 큰 혜택을 주어 낮은 세금을 부과하고 있다. 1971년 말 알코올 도수에 따라 세금을 매기는 종량세에서 판매원가에 따라 세금을 매기는 종가세로 바뀌면서 막걸리의 주세는 10%였다. 그러던 것이 막걸리 소비량이 줄어들면서 전통주 육성, 영세업자 보호라는 취지하에 1991년부터는 5% 주세에 교육세도 면제받는 혜택을 본다. 제조원가에 주세 5% 그리고 10%의 부가세만 붙게 된 것이다. 이것이 막걸리가 다른 주류보다 판매가는 저렴하지만 원가 면에서는 떨어지지 않는다는 근거를 마련해 준다.

예를 들어 소주와 맥주에는 72%의 주세가 붙는데 주세의 30%가 다시 교육세로 붙는다. 또 여기에 제조원가와 세금을 합한 비용에 대한 10%의 부가세가 추가된다. 세금으로 반이 나간다고 해도 과언이 아니다.

아홉, 그들의 은밀한 관계? – '동동주'와 '막걸리'

모든 전통주는 동동주를 모태로 하고 있다. 예를 들면 동동주라는 부모로부터 청주, 탁주, 막걸리, 소주라는 자식이 태어난다. 그래서 동동주가 맛있으면 청주, 탁주, 막걸리, 소주의 맛도 좋다. 동동주는 청주와 가깝고 잡맛이 없으며 도수는 청주보다 약한 11~14도다.

　　　　　　　　　　　　- 전통주 연구가 박록담 선생님 인터뷰 중에서

투박한 옹기에 담겨 나온 뽀얀 빛의 동동주는 밥풀이 동동 떠 있는 점을 제외하면 막걸리와 흡사하다. 동동주의 실체는 무엇일까? 술이 되는 과정을 알면 쉽게 알 수 있다. 고두밥과 누룩, 물을 넣고 발효시키면 누룩 때문에 고두밥(전분)이 분해되는데 발효가 거의 끝날 때쯤 가벼워진 고두밥이 술덧 위로 동동 떠오른다. 이때 마시는 술이 바로 동동주다. 여름철에는 즉석주로 마셨으며 완전발효 때보다 잔당(殘糖)이 많아 단맛이 강하다. 시간이 좀 지나면 동동 떠 있던 고두밥도 완전히 발효되어 가라앉는다. 이때 거르는 것에 따라 청주와 탁주(막걸리)로 나눌 수 있다. 청주와 탁주는 발효주이자 양조주다. 다시 청주를 소줏고리에 넣고 불을 지펴 증류해 한 방울 한 방울 모아내면 안동소주와 같은 증류식 소주(燒酒)가 된다. 동동주, 청주, 탁주(막걸리), 소주가 한 뱃속(술독)에서 나온 형제와 같다 한 것은 이런 이유에서다.

다시 동동주 이야기로 돌아가자. 고문헌에 '동동주'라는 말은 없다. 대신 '나방이 떠 있는 술'이라는 의미의 부아주(浮蛾酒)와 '개미가 떠 있는 술'이라는 의미의 부의주(浮蟻酒)라는 말이 있다. 한자의 뜻으로만 보면 머리카락이 삐죽 돋는 엽기주지만 밥풀이 떠올라 있는 모습이 흡사 나방이나 개미가 떠 있는 것 같다 하여 붙여진 이름이다. '부아주' 혹은 '부의주'라 불리던 전통적인 동동주는 막걸리처럼 뽀얀 색이 아닌 청주에 가까운 '맑은 술'이라 할 수 있다. 1987년 부의주는 경기도 지방의 민속주로 지정되기도 했다.

쌀막걸리 제조가 가능해진 1990년, '부산양조'는 쌀로 빚은 막걸리를 출시했다. 기존의 밀가루 막걸리와 차별화하면서 쌀막걸리라는 것을 강조하기 위해 밥풀을 띄운 후 동동주라는 이름을 붙였다. 그러자 다른 양조장에서도 쌀로 빚은 막걸리에 밥풀을 띄워 동동주라는 이름으로 팔기 시작했고 이는 전통주점 등을 통해 빠르게 퍼져 나갔다. 이전에도 동동주라는 말이 있긴 했지만 대중적으로 사람들 입에 오르기 시작한 것은 이때쯤이다. 참쌀로 빚었거나 단맛을 강조하기 위해 막걸리라는 이름 대신 동동주라는 이름을 사용하기도 했고, 주점 등에서 막걸리에 맛을 더해 동동주라는 이름을 사용하기도 했다. 물론 가격도 막걸리보다 비쌌다. 이것이 부아주 또는 부의주로 불렸던 전통적인 동동주와 다른, 현재 시중에서 접할 수 있는 뽀얀 동동주의 비밀이다.

이러한 분류에 더해 동동주란 말 자체에서 알 수 있듯 밥풀이 동동 띄워져 있는 상태의 술을 말하는 것으로 맑은술이든 탁주든 막걸리든 상관없이 삭힌 밥풀을 띄우면 전부 동동주라고 말하는 이도 있다. 법적으로 자기 영역이 없는 동동주는 코에 걸면 코걸이, 귀에 걸면 귀걸이처럼 그 개념이 모호하다. 그러다 보니 동동주라는 말은 맞는데 동동주값을 하지 못하는 술이 시중에 많이 유통되기도 한다. 이럴 땐 복불복(福不福)이라 그냥 마실 수밖에 없다.

막걸리와 막걸리의 간극(間隙)

빚는 법을 취(取)하라 - 가양주막걸리 vs 양조장막걸리

집에서 빚은 막걸리

흔하지는 않지만 여행길에 직접 빚은 막걸리를 파는 대폿집을 만나면 그리 반가울 수가 없다. 대폿집 주인아주머니가 직접 빚는 막걸리에는 보통 '옛날식' '전통' '손으로 직접 빚은' '재래식'이라는 수식어가 붙는다. 어떻게 만들어지는 막걸리일까?

자가 양조(가양주)는 발효제로 보통 전통누룩을 쓰는 경우가 많다. 술을 빚기 2~3일 전부터 빻아 놓은 누룩을 밤낮 바람이 잘 통하고 햇빛이 잘 드는 곳에 두어 이슬과 햇빛을 맞힌다. 이는 나쁜 균과 잡냄새를 제거하고 효모를 늘려 향이 좋고 맛있는 술을 얻기 위한 과정으로 흔히 '법제(法製)한다'고 표현한다. 법제한 누룩을 준비한 물에 넣어 잘 흡수될 수 있도록 덩어리를 비벼 풀어준다. 이를 침국(浸麴) 또는 수국(水麴)이라 한다. 그냥 사용하는 것보다 효소가 용출되어 당화와 발효작용이 활발해진다.

술을 빚는다고 하면 보통 주재료로 멥쌀이나 찹쌀을 찐 고두밥을 떠올리지만 죽, 백설기, 개떡, 구멍떡, 범벅 등 여러 형태로 처리하여 사용하기도 한다. 같은 쌀이라도 어떻게 처리했느냐에 따라 술의 맛과 향이 달라진다. 사실 고두밥은 다른 형태와 비교하면 향과 풍미는 떨어지지만 가장 쉽게 할 수 있으며 도수가 높고 맑은 술을 얻을 수 있어 가장 일반적으로 이용하는 방식이다. 고두밥을 찌기 전 과정인 쌀을 씻는 세미(洗米)도 중요하다. 지금이야 도정이 잘되어 씻기가 수월해졌지만 과거에는 백번을 씻어내야 할 정도로 손이 가는 작업이었다. 도정·세미를 함으로써 술에 좋지 않은 영향을 주는 쌀의 칼륨, 단백질 성분을 제거할 수 있다.

불린 쌀을 찜통에 찌는데 설익은 것이 없게 잘 쪄야 한다. 설익으면 신맛이 강해질 수 있다. 하얀 김을 내는 고두밥을 꺼내 채반에 고루 펼쳐 차게 식혀준다. 침국해 놓은 누룩물에 식힌 고두밥을 넣어 섞는데 누룩물이 고두밥에 충분히 흡수될 수 있도록 잘 치대면 당화에 도움이 된다. 침국을 하지 않았을 때는 누룩과 고두밥, 물을 한꺼번에 섞어 치댄다. 시장이나 장터에서 전통누룩을 팔 때 '술약'이라고 하며 작은 병에 든 것을 함께 파는 경우가 있는데 효모인 이스트다. 발효에 도움을 주기 위해 넣기도 하나 원래는 누룩만으로 빚는 것이 정석이다.

술독은 보통 옹기항아리를 쓴다. 잘 소독해 둔 항아리에 누룩과 물을 잘 섞은 고두밥을 켜켜이 넣은 후 항아리 입구 가장자리를 닦아내고 면 보자기를 씌워 놓는다. 진자리 마른자리 살펴 가며 술독 온도가 너무 올라가지 않도록 살핀다. 시간이 흐르면 술덧 표면의 거품이 점점 사라지고 부유물들이 아래로 가라앉는다. 매운 냄새가 없고 표면이 연한 황색을 띠면 발효가 끝난 것이다. 예부터 항아리 안에 성냥불을 켜서 불이 붙지 않으면 거의 발효가 끝난 것으로 보기도 했다. 재료와 온도, 덧술의 유무에 따라 발효시간은 달라질 수 있다.

'덧술'이란 밑술에 고두밥이나 떡, 죽 등을 더하는 작업을 말한다. 전통주의 경우 덧술의 횟수에 따라 단양주, 이양주, 삼양주, 사양주 등의 이름으로 불린다. 횟수를 더할수록 술이 만들어지는 기간은 길어지지만 도수가 높아지고 술의 양이 늘어나며 맛과 향이 좋아진다. 청주를 내지 않고 막걸리만 내기 위해 빚은 술이라면 발효가 끝난 술덧을 술자루나 체에 넣어 거른다. 이것이 바로 원주(原酒) 또는 전주(全酒)다. 덧술을 하지 않은 단양주의 경우 보통 12~15도의 도수가 나오거나 더 낮을 수 있다. 고급탁주로 원주 그대로 음용하기도 하나 짜낸 원주에 1~1.5배 정도의 물을 섞으면 6~7도의 막걸리가 된다. 처음부터 물을 쳐대면서 거르기도 한다. 청주를 내기 위해 빚은 술에서도 막걸리를 얻을 수 있다. 청주를 뜬 후 남은 술덧을 거르거나 여기에 물을 타서 거른 것이다. 간혹 막걸리를 '청주의 부산물'로 표현하기도 하는데 바로 이런 경우다.

자가 양조 막걸리는 시장에서 파는 막걸리보다 특유의 맛과 향이 강하고 단맛은 강하지 않다. 탄산이 적은 편이며 신맛이 독특하고 맛이 깊다.

개인이 집에서 술을 빚는 것은 오랫동안 금지됐다. 그러나 몰래 빚어 마시기도 하고 팔기도 했는데 바로 '밀주'다. '나라의 재정을 솜먹고 국민의 경제와 보건을 해하는 밀조주를 없애자'라는 벽보가 붙곤 했지만 밀주를 완전히 막을 수는 없었다. 법을 어기는 일이었지만 '밀주' 형태로 소수의 가양주 문화가 이어질 수 있었다. 1995년부터 판매를 목적으로 하지 않는 한 개인이 자유롭게 술을 빚을 수 있게 되었다. 최근 막걸리 열풍이 불면서 직접 술을 빚으려는 사람들이 늘고 있다.

양조장에서 빚은 막걸리

시중에서 쉽게 접할 수 있는 페트병의 막걸리는 어떻게 제조되는가? 지방에 있는 중소 양조장에서는 반기계식·반수작업으로 이루어지는 경우가 많으며 서울, 부산, 대구 등 대도시의 규모가 있는 양조장에는 기계·자동화 시스템이 도입된 경우가 많다. 전통막걸리와 가장 다른 점이 있다면 전통누룩이 아닌 대부분 흩임누룩의 일종인 입국(粒麴)을 사용한다는 것이다. 보통 고두밥 또는 찐 밀가루에 종국(백국균)을 뿌려 균을 배양한 것으로 일명 '일본식 누룩'이라고도 한다. 입국 만들기는 양조

공정 중 가장 중요한 부분 중 하나로 입국실을 따로 둔 양조장이 많다. 입국에 관해서는 입국 막걸리에서 다시 이야기하기로 하자.

양조장에서 입국이 완성되는 데는 약 45~48시간이 걸린다. 규모가 있는 양조장에서는 캡슐 모양의 자동 제국기를 이용해 입국을 만들어 내기도 하나, 중소 양조장의 경우 네모난 침상같이 생긴 기계식 제국기 또는 재래식이라고 할 수 있는 모판 같은 입국 상자를 사용한다. 발효제인 입국이 완성된 다음에는 '주모(酒母)'를 만든다. 주모란 효모 증식을 위해 입국과 배양효모, 산(젖산, 구연산)과 물을 일정비율로 섞어 발효시킨 것으로 '밑술'이라고도 한다. 효모를 첨가하는 것은 입국에 쓰이는 백국균이 당화의 힘은 크나 알코올 발효를 하는 효모의 힘이 세지 않기 때문이다. 양조장에 따라 소량의 전통누룩을 사용하기도 하는데 이는 향을 좋게 하기 위해서다. 주재료는 보통 멥쌀, 밀가루, 찹쌀 등으로 수분을 잘 조절해 찐다. 일부에서는 뻥튀기처럼 쌀을 튀겨 낸 팽화미(膨化米)를 사용하기도 한다.

그 다음은 준비된 입국, 주모, 쪄낸 곡물(고두밥 등), 물을 스테인리스로 된 담금조에 넣는 사입(담금) 공정이다. 근대식 양조장이 주로 일제강점기에 시작되다 보니 막걸리 제조 공정에는 지금도 '모로미(もろみ: 원주(原酒)의 의미)' 등 일본 용어가 많이 남아 있다. '사입'이라는 말도 '시코미(仕込み)'라는 일본 양조 용어에서 왔다. 사입을 한 번 하면 1차 사입(담금), 두 번 한 것을 2차 사입으로 부르는데 경우에 따라 3차 사입을 하기도 한다. 전통

주로 말하면 단양주, 이양주, 삼양주와 같은 개념이다. 전통을 지키기 위해 옹기항아리를 고집하는 곳도 있지만 대부분의 양조장에서 편리성을 위해 스테인리스로 된 담금조를 쓰고 있다.

술을 빚을 때 술덧을 저어 주는 것처럼 양조장에서도 산소를 공급하고 덩어리를 풀어주기 위해 술덧을 저어주는데 양조 용어로 '교반(攪拌)'이라고 한다. 담금조 아래에 있는 프로펠러가 그 역할을 해주지만 부족하면 사람이 봉으로 직접 저어 주기도 한다. 양조장에서도 술덧의 품온은 중요하다. 찬바람을 쐬어 주거나 술덧을 저어 위아래를 잘 섞어 주고 냉각수를 이용해 온도를 조절하기도 한다. 술이 익어가는 양조장은 얼핏 생각하면 낭만적이지만 실제 양조장 발효실에 있다 보면 발효 과정에서 나오는 시름하고 알싸한 이산화탄소 때문에 코끝이 찡하고 눈이 매콤해진다. 발효가 끝나면 미세한 망으로 거르는데 (여과, 채주) 보통 13~15도 정도의 원주가 나온다. 여기에 물을 혼합해 도수를 6~7도로 맞추거나 감미료 등 첨가물을 넣는데 이 공정을 '제성(製成)'이라고 한다. 여과·제성이 끝난 생막걸리는 그대로 용기에 투입해 출고하며 살균막걸리의 경우는 두 번의 살균 과정을 거친 후 출고한다. 제품화되기까지 걸리는 공정 기간은 양조장마다 조금씩 다르나 보통 11~13일 정도이고 저온발효의 경우 1~2일 정도 더 걸린다.

대규모 양조장은 기계화, 자동화, 컴퓨터화를 추구하며 균일화된 맛을 내기 위해 노력하지만 발효주의 특성상 같은 양조장의 막걸리라도 미묘한 맛의 차이가 있을 수 있다. 특히 반기계식·반수작업 또는 수작업의 경우는 더욱 그러하다. 최근에는 개성 있는 맛을 내기 위해 주재료의 차별화, 자체 효모 개발, 저온·이중숙성 발효 등 제조방식이 진화하고 있다.

술의 씨앗 '누룩'을 취(取)하라 – 전통누룩막걸리 vs 입국막걸리

다양한 맛과 향의 '전통누룩막걸리'

술이란 화학적으로 간단하게 말하면 당분이 알코올로 변하는 것이다. 포도, 사과 등의 과일이나 사탕수수, 당밀 등은 자체에 당분을 함유하고 있기 때문에 특별한 당화 과정 없이 술이 된다. 그러나 주재료가 찹쌀, 멥쌀, 밀 등 곡류일 경우 주성분이 전분이므로 전분을 포도당과 맥아당으로 분해하는 당화 과정이 필요하다. 이때 분해를 돕는 것이 바로 누룩이나 맥아다. 누룩이나 맥아에 함유된 당화 효소가 전분을 당으로 분해해준다. 이렇게 해서 생긴 당분을 효모가 먹고 알코올과 탄산가스를, 그리고 술의 맛과 향을 좋게 하는 유기산, 에스테르, 알데히드 등의 성분을 생성한다. 술이 만들어지는 화학적 풀이의 이런 과정을 일반적으로 '알코올 발효'라고 한다.

발효방식에 따라 단발효(單醱酵)와 복발효(複醱酵)로 나눌 수 있다. 당화과정 없이 바로 알코올 발효가 되는 것을 '단발효'라고 하는데 대표적으로 와인이 그렇다. '복발효'에는 '단행복 발효'와 '병행복 발효'가 있다. 전자는 당화와 알코올 발효가 다른 공정에서 이루어지는 발효를 말하며 맥주가 그러하다. 후자인

'병행복 발효'는 당화와 알코올 발효가 동일공정, 즉 같은 술독에서 동시에 이루어지는 것으로 우리의 전통주인 막걸리와 청주, 약주 그리고 일본주(사케)가 있다.

누룩(麴)은 '술의 씨앗'이라 부를 정도로 술을 빚는 데 중요한 요소다. 우리의 전통누룩은 당화 효소를 분비하는 곰팡이, 알코올 발효를 하는 효모, 그리고 잡균을 방지하는 유산균(젖산균)이 어울려 있는 덩어리 모양의 발효제로 병국(餅麴)에 속한다. 누룩을 만드는 주원료로는 밀이 가장 많이 쓰이지만 쌀, 녹두, 보리, 팥 등 재료는 다양하다. 모양과 만드는 방식 또한 지역마다 집집마다 그리고 계절에 따라 차이가 있다.

전통누룩을 만들기 위해서는 우선 분쇄한 통밀이나 밀가루를 물로 반죽한 후 면보자기에 싸서 틀 속에 넣고 뒤꿈치로 디디어 모양을 만든다. 단단히 디뎌야 하지만 너무 세게 밟으면 잘 마르지 않고 속까지 골고루 곰팡이가 피기 어렵기 때문에 적당히 조절해야 한다. 모양을 만들고 32~40도 되는 따뜻한 장소에 놓아둔다. 이때 곡물에 붙어 있는 곰팡이 포자와 효모들이 누룩에 잘 번식할 수 있도록 마른 쑥이나 지푸라기를 깔아주거나 덮어주면 좋다. 습기와 온도, 바람에 민감하므로 하루에 몇 번씩 뒤집어 주는 등 세심한 주의가 필요하다. 표면에 하얗거나 노르스름한 곰팡이가 피면 잘 뜬 것이다. 누룩의 크기에 따라 다르나 보통 1주일에서 40일 정도 띄운다.

가양주가 발달한 조선 시대는 물론 그 후에도 집에서 직접 누룩을 만들어 썼다. 지역마다 집집마다 사용하는 재료와 만드는 방식, 자연환경(온도·습기·바람 등)과 서식하는 야생효모 등이 달라 서로 다른 누룩이 나오니 술의 맛과 향 또한 달랐다. 그러나 술의 생산이 획일화되면서 자연발효제인 전통누룩의 모습은 점점 사라져갔다. 대신 인공적으로 균을 배양시킨 개량누룩인 입국(粒麴), 조효소제(粗酵素劑: 밀기울(피질) 등 전분질을 함유한 원료에 당화효소 생성균을 인공적으로 배양한 것), 정제효소제(精製酵素劑) 등이 등장한다. 전통누룩은 풍부하고 다양한 맛과 향을 내지만 대량생산에 있어 온도 관리에 어려움이 있고 잡균에 의해 술덧을 망치거나 균일화된 맛을 내기 힘든 단점이 있다. 현재 대부분의 양조장에서는 생산성을 높이기 위해 전통누룩이 아닌 입국만을 사용하거나 입국에 소량의 조효소나 전통누룩을 사용하고 있다.

과거 누룩 명산지로 서울 마포구 공덕동, 경기도 남한산성, 경북 유천, 부산 금정산성과 동래 범어사, 양산 통도사, 합천군 해인사 등이 유명했다. 현재 전통누룩을 제조하는 전문 곡자업체로는 광주의 〈송학곡자〉, 상주의 〈상주곡자〉, 진주의 〈진주곡자〉, 부산의 〈금성산성곡자〉 등 전국적으로 그 수가 극히 적다. 시중에 나와 있는 막걸리 중에는 부산의 '금정산성 막걸리', 정읍의 '태인 막걸리', 함평의 '자희향', 울산의 '복순도가 손막걸리' 등이 전통누룩으로 빚은 막걸리로 유명하다.

최근 막걸리 대형업체인 〈국순당〉에서 '古(고) 옛날 막걸리'를 출시했다. 100% 햅쌀에 발효제로 전통누룩만을 사용했으며 아스파탐 등 감미료를 일절 사용하지 않았다고 한다. 1960년대 이전 양조장에서 빚었던 전통 제조방식을 재현함으로써 '옛날'이라는 이름이 붙었다. 대량생산화 된 전통누룩막걸리의 행보가 기대된다.

인공 배양한 균이 술을 내다 – 입국막걸리

현재 우리가 쉽게 접할 수 있는 양조장 막걸리는 대개 전통누룩이 아닌 배양균을 사용한 입국(粒麴)을 사용한 막걸리다. 입국이란 무엇인가? 한자 '粒'을 살펴보면 쌀알을 의미하는데 한 종류의 종균을 쌀에 입혀 배양한 쌀알 누룩을 말한다. 일본에서 술을 빚을 때 일반적으로 쓰는 누룩 형태로 산국(散麴: 흩임누룩)의 일종이다. 대부분의 양조장에서는 직접 입국을 띄워 막걸리를 만든다. 입국에 사용되는 종균은 1950년대 말 일본에서 들어 온 백국균(白麴菌: 아스퍼질러스 가와치)이 대세를 이룬다. 일본에서는 주로 증류식 소주용으로 사용되는 종균인데 발효 시 당화력과 산의 생성력이 뛰어나다. 전통누룩에 비해 pH를 낮춤으로서 잡균 오염을 방지하고 술을 안정적으로 발효시킬 수 있다는 장점을 갖고 있다. 안정성, 생산성을 위해 양조장에서 입국을 사용하면서 전통누룩을 제공하던 곡자제조업자들의 수가 급격히 줄어들게 되었다.

1965년 쌀로 막걸리를 빚지 못하도록 하는 양곡관리법이 발표되었다. 당시 정부시책에 따라 전국의 막걸리 양조장에서는 찐 밀가루에 일본산 종국 백국균을 배양시킨 입국을 본격적으로 사용하게 된다. 원래 의미와는 다른 형태의 입국이 나오게 된 것이다. 과거에는 밀가루 입국이 보편적이었으나 현재는 밀가루뿐만 아니라 쌀알과 쌀가루를 이용해 입국을 만들고 있다. 양조장 관계자들은 입국을 띄우는 것이 막걸리의 좋은 맛과 향을 내기 위해 무엇보다 중요한 과정이라고 강조한다. 백국균이 좋아하는 온도는 40도 정도로 45도가 넘으면 종균이 활성화되지 않으므로 온도조절이 무엇보다 중요하다. 입국 제조공정에서 찐 곡물에 균을 섞는 것을 '파종(씨를 뿌린다)'이라고 한다. 파종에서 출국까지는 보통 48시간 정도 걸린다. 잘된 입국은 표면이 희고 산미가 강하며 약간 쓴맛이 도는데 잘 익은 복숭아향도 난다.

> 배양단계에서 신향이 나기 시작하면 온도와 습도의 관리가 더 중요하게 되죠. 약 42시간이 지나면(밀가루 사용 시) 카스텔라와 같은 상태가 되는데 양털처럼 생긴 균을 맨눈으로 볼 수 있고, 이렇게 되면 입국이 완성된 겁니다.
>
> – 안성양조장 이연수 공장장 인터뷰 중에서

입국은 당화제의 역할이 크고 알코올 발효에 약하므로 술을 빚을 때 효모제를 함께 넣어준다. 멥쌀이나 소맥분에 입국과 효모제, 물 등을 넣고 발효시킨 12~15도 정도의 원주에 물과 감미료, 구연산 등을 넣어 6~8도로 제성시킨 것이 보통 우리가 만날 수 있는 막걸리다. 온실과 야생의 차이라고 할까? 온실 속에서 키워진 입국은 야생의 다양한 균이 번식한 전통누룩에 비해 다루기가 수월하다.

　입국으로 만든 막걸리는 맛이 가벼우면서 깔끔하나 한 종류만의 균을 쓰기 때문에 단조롭고 밋밋한 맛을 내며 무엇보다 구연산 생성능력이 좋아 신맛이 강한 경향이 있다. 일본산 종균인 백국균을 배양해 빚은 일본식 막걸리라고 하여 비난의 대상이 되기도 한다.

재료의 다양성을 취(取)하라 – 쌀막걸리 vs 밀막걸리

우리의 전통은 쌀이다 – 쌀막걸리

　필자가 한참 막걸리 취재를 다니던 2006년, 부산에 있는 〈부산산성양조〉의 김태윤 사장은 100% 쌀막걸리 '기찰 생쌀탁'을 내보이면서 야심차게 말했다. "한국에서 처음으로 입국까지 쌀로 쓴 100% 쌀막걸리입니다." 당시 이미 쌀막걸리가 나와 있었으나 대부분 밀가루 대비 쌀의 비율이 30~70% 정도였다.

　쌀막걸리에 대한 동경이 큰 것은 1965년 정부가 양곡관리법을 발표해 쌀로 술 빚는 것을 금했기 때문이다. 이후 미국에서 수입된 밀가루나 옥수수로 막걸리를 빚게 되었다. 1977년 한때 쌀막걸리 제조가 허가되었으나 2년 만에 다시 금지되고 이후 쌀 재고가 급격히 누적됨에 따라 1990년 3월 다시 쌀막걸리를 빚게 된다. 그러나 쌀막걸리라도 대부분 밀가루를 사용한 혼합형 막걸리거나 밀가루 입국을 쓴 막걸리였다. 밀막걸리가 장악하던 막걸리 시장에 등장한 쌀막걸리는 분명 반가운 일이었다. 그러나 당시 막걸리 시장이 위축되어 있어 그리 큰 관심을 받지 못했으며 경제성을 위해 수입쌀이나 국내에서 생산된 묵은 쌀을 사용하다 보니 맛의 차별화를 주지 못한 점도 있었다. 쌀의 고미화(古米化: 쌀의 성분과 성상의 변화)는 묵은 냄새 등 주질에 좋지 않은 영향을 줄 수 있다. 주재료로 쓰이는 쌀은 주질에 미치는 영향이 크다.

2008년부터 불기 시작한 막걸리 열풍으로 최근 몇 년 사이 100% 쌀막걸리, 햅쌀 막걸리, 유기농 쌀막걸리, 국내 쌀막걸리 등 쌀의 품질을 차별화한 다양한 쌀막걸리가 속속 등장하고 있다. 막걸리를 빚는 데 사용되는 쌀은 외관상 특유의 광택이 있고 쌀알이 굵은 연질미(軟質米)가 좋다. 수분흡수력이 좋아 찌기 쉽고 누룩이 잘 녹아 '술덧'에서의 당화가 쉽기 때문이다. 보통 술을 빚는 쌀은 일반 쌀보다 도정을 더 많이 한다. 쌀의 바깥쪽에 있는 단백질이나 지방이 술맛을 좋지 않게 하기 때문이다. 일본은 쌀의 정미비율에 따라 술을 구분해 놓을 정도로 정미를 중요하게 여긴다. 그러나 막걸리는 보통 백반용으로 도정된 일반쌀을 사용해도 무난하다.

최근에는 쌀의 중요성이 대두되면서 주조용 쌀 재배의 필요성도 거론되고 있다. 농촌진흥청은 쌀알이 굵고 단백질과 지방이 적어 막걸리 제조에 좋은 한아름, 다산 2호, 큰섬, 미광, 조운 등의 양조미 품종을 내놓고 술 제조업자와 농가와의 협력관계를 도모하고 있다. 쌀막걸리는 밀막걸리와 비교해 흰빛을 띠며 단백질 함량이 적어 맛이 담백하고 뒤끝이 깔끔한 것이 특징이다.

편견의 희생자 – 밀막걸리

6·25전쟁 후 식량 원조품으로 대량의 밀가루가 유입되면서 식생활에 커다란 영향을 주게 되는데 막걸리도 큰 영향을 받았다. 앞에서도 말했지만 양곡관리법에 따라 쌀로 술을 빚지 못하게 되자 수입산 밀가루와 옥수수로 막걸리를 빚게 되었다. 밀가루의 원료는 밀이다. 전통주에서 밀은 누룩의 원료지만 주재료로는 그리 많이 사용하지 않았다.

> 자고 일어나면 제조법이 바뀌곤 했어. 밀가루로 술을 빚어
> 보지 않았으니 찌는 것부터 시작해 하나에서 열까지 공정이
> 낯설었지. 실패를 거듭하면서 마실만한 밀가루막걸리를 빚
> 게 되었지.
> 　　　　　　 – 해남 '산이 양조장' 박양권 사장 인터뷰 중에서

막걸리의 주재료로 쓰이는 소맥은 크게 박력분, 중력분, 강력분으로 나뉜다. 막걸리 제조에는 일반적으로 단백질 성분인 글루텐의 함량이 적어 맛깔스러운 맛을 내는 박력분을 사용한다. 그러나 양조업자의 제조경험에 따라 선택은 달라질 수 있다. 밀막걸리는 맑은 하얀빛의 쌀막걸리와 비교하면 탁하고 빛깔이 누렇다. 그 이유 중 하나로 소맥분의 밀기울(밀을 빻아 체

로 쳐서 남은 찌꺼기) 함량을 들 수 있다. 밀기울 함량이 많을수록 누렇고 탁한 색을 띠기 쉽다. 밀기울 함량은 빛깔에는 영향을 줄 수 있으나 맛에는 큰 영향을 주지 않는다. 또한 밀막걸리는 거품이 많고 탁도가 높으며 대개 쌀보다 단맛이 덜하고 신맛이 나기 쉽지만 구수하고 텁텁한 매력이 있다. 밀가루는 쌀에 비해 발효성이 좋아 제조 공정상 1~2일 정도 덜 걸린다.

막걸리 전성시대인 1960~1970년대에는 밀가루 막걸리가 날개 돋친 듯 팔려나갔지만 부작용도 만만치 않았다. 수요가 많으니 제대로 발효, 숙성시키지 않은 불량 막걸리가 시중에 많이 나돌았다. 그래서 밀막걸리를 마시고 나면 머리가 아프고 숙취로 고생한다는 말이 퍼지기 시작했고, 밀막걸리 자체에 대한 부정적인 편견을 만들어냈다.

대부분의 양조장업자들은 밀가루로 만들어 머리가 아픈 것이 아니라 카바이트 막걸리처럼 인위적으로 급하게 발효시키는 등 제조과정에 문제가 있기 때문이라고 말한다. 막걸리 열풍이 불면서 '마시고 나면 머리가 아프다' '텁텁하다' 등 밀막걸리에 대한 잘못된 편견과 함께 쌀 대용품이라는 점에서 정통성에서 밀린 밀막걸리의 입지가 점점 약화되고 있다. 쌀로 빚어온 우리 막걸리의 원형을 찾고자 하는 노력도 좋고 남아도는 쌀 소비의 촉진을 위함도 좋으나 40여 년간 우리와 함께 동고동락해 온 밀막걸리를 너무 홀대하는 것은 아닐까? 혹 편견의 희생자는 아닐까? 지방양조장 중에는 여전히 100% 밀막걸리를 만드는 곳이 있으나 점점 줄어드는 추세며 쌀과의 조합비율도 점점 낮아지고 있다.

밀막걸리는 쌀막걸리에는 없는 구수한 풍미와 목젖을 때려
주는 묵직함을 갖고 있다. 막걸리를 마셔 온 우리 자화상의 한
면이기도 한 밀막걸리가 막걸리의 다양성이라는 측면에서 사람
들에게 또 다른 즐거움으로 다가갔으면 한다. 이런 의미에서 최
근 밀 생산지인 합천군에서 우리 밀을 사용한 밀막걸리를 출시
한다는 소식이 반갑지 않을 수 없다.

다양한 색과 맛을 입다!

백의민족이 좋아하던 흰빛 막걸리가 최근에는 형형색색의
옷을 입으며 계속 변신 중이다. 오랫동안 막걸리는 흰빛의 쌀막
걸리와 누런빛의 밀막걸리로 크게 나뉘었다. 그러던 것이 1998
년부터 식물약재 사용이 가능해지자 다양한 색과 맛의 막걸리
가 나오기 시작했다. 검은콩을 부재료로 넣은 달달하고 고소한
검은콩 막걸리가 건강을 지향하는 여성들에게 큰 인기를 얻자
'기능성 막걸리'라는 수식어와 함께 인삼 막걸리, 잣 막걸리, 검
은깨 막걸리, 호박 막걸리, 녹차 막걸리, 누룽지 막걸리 등 색색
의 막걸리가 계속 등장했다. 막걸리 열풍이 불면서 지역 특산
물을 적극적으로 활용한 기능성 막걸리도 다투어 나왔다. 남해
의 특산물인 마늘을 넣어 만든 마늘 막걸리, 공주의 특산물을
넣어 만든 노란빛의 공주 알밤 막걸리, 문경의 특산물을 넣어
만든 분홍빛의 오미자 막걸리, 진도의 특산물인 울금을 넣어
만든 황금빛의 울금 막걸리, 부산 기장군의 매생이 막걸리 등

그 종류도 참 다양하다. 덕분에 그 지역의 특산물을 막걸리로 즐길 수 있는 또 다른 재미가 늘었다. 익숙하지 않은 맛과 색도 있지만 대체로 막걸리는 어떤 재료와도 잘 어우러지는 편이다. 기능성 막걸리의 경우, 합성착향료를 사용하지 않고 발효과정을 통해 부재료의 맛을 충분히 살려야 한다는 것이 가장 큰 숙제다.

장기보존법을 취(取)하라 – 생막걸리 vs 살균 막걸리

일기일회(一期一會)의 술 – 생막걸리

막걸리는 발효주다. 약주와 청주도 발효주다. 그러나 막걸리가 이 술들과 다른 점이 있는데 바로 샴페인처럼 흔들면 넘칠 수 있다는 것이다. 이는 막걸리 속에 미생물, 즉 유산균과 효모균 등이 살아있기 때문이다. 바로 '생막걸리'다. 예전에 어머니들이 찐빵 반죽을 할 때 막걸리를 넣었던 것도 생막걸리에 이스트 성분인 효모균이 살아 있었기 때문이다. 탄산가스를 함유한 생막걸리는 맥주처럼 청량하다. 건강한 생막걸리는 잔에 따랐을 때 거품이 올라온다. 술잔에 따랐을 때 거품이 발생하지 않으면 오래되거나 유통 상의 문제가 있는 것이다. 생막걸리는 출시된 후에도 후발효가 계속되어 냉장하더라도 시간이 지날수록 맛이 변한다. 막걸리를 '일기일회(一期一會)'의 술이라고 한 것도 이 때문이다.

생막걸리의 보존기간은 유통 때문에 늘 문제가 되었다.

2001년 1월 공급구역제한(정해진 구역에서만 판매할 수 있는 제도) 규정이 풀리긴 했으나 다른 지역으로 유통되기 어려웠던 것이 바로 이런 이유 때문이었다. 다른 지역의 막걸리일 경우 대부분 살균 막걸리였다. 그러나 최근에는 막걸리 열풍과 함께 제조기술의 발달, 막걸리 용기의 개발, 냉장보관 기술의 발전 및 대기업의 투자 등으로 생막걸리가 전국적으로 유통되기 시작했다.

여기서 잠깐 생막걸리의 용기에 대해 살펴보자. 1976년 1L 단위 용기인 폴리에틸렌(PE) 병과 폴리염화비닐(PVC) 마개가 처음 등장했다. 하지만 병이 흐물거리고 마개가 헐거워 탄산가스가 넘치는 등 불편함이 많았다. 이후 진화를 거듭하면서 발효 시 생성되는 가스를 미세하게 마개 틈 사이로 배출함과 동시에 산소를 막아주는 페트(PET)병과 마개가 개발되었다. 막걸리가 넘치거나 변질되는 것을 최소화할 수 있게 되었으나 그래도 자칫 잘못 열다가는 막걸리가 넘치는 낭패를 볼 수 있다. 병을 비스듬히 한 상태에서 몸통을 눌러 가스를 빼고 여는 것도 하나의 방법이다.

보통 일반 생막걸리는 법적 표시사항으로 10℃ 이하 냉장보관 시 제조일로부터 10일이 지나면 변질할 수 있음을 표시하고 있다. 그러나 발효가 제대로 된 막걸리라면 냉장 보관할 경우 20~30일까지 마셔도 괜찮다는 것이 양조장 사람들의 일반적인 이야기다. 그렇다 하더라도 생막걸리는 가능한 10일 이내에 마시는 것이 좋다. 그럼 가장 마시기 좋을 때는 언제일까? 사람마다 기호가 다를 수 있으나 제성한 후 1~2일 지났을 때가 가장 좋다고 한다. 제성한 원주(알코올)와 물이 잘 어우러지고 탄산과 당분이 적절히 조화되어 최고의 청량한 맛을 내기 때문이다. 이후 3~4일을 정점으로 후발효가 계속 진행되므로 맛과 청량감은 점점 떨어진다.

생막걸리를 부드럽게 안다 – 살균 막걸리

'부드럽게 안아 주세요'라는 가사처럼 톡톡 뛰는 탄산의 청량감을 부드럽게 감싸 안은 것이 바로 살균 막걸리다. 즉, 고온순간살균 등으로 효모균 등 미생물의 활동을 정지시킨 것이다. 생막걸리보다 영양 면에서 떨어진다는 이미지가 강하지만 효모 이외에 단백질과 비타민 등의 영양소 함유는 거의 같다. 생막걸리의 청량감 대신 부드러운 맛과 향이 특징이다.

살균 막걸리는 생막걸리처럼 넘칠 위험이 없다. 1992년 인천탁주에서 처음으로 팩 포장을 한 고온순간살균 막걸리 농주가 출시되었는데 그 후 1993년 〈국순당〉의 '바이오 탁', 1996년 〈서울탁주제조협회(이하 서울탁주)〉의 '월매' 등 살균 캔막걸리가 출시되면서 막걸리 업계에 살균 막걸리라는 새로운 바람이 불게 되었다. 1995년에는 6개월 이상 보존 가능한 살균 막걸리에 한해 공급구역제한 규정에서 제외되어 전국 판매도 할 수 있게 되었다. 보존기간을 늘린 살균 막걸리의 등장은 막걸리 유통에 혁신을 가져왔다. 몇 년 전까지만 해도 지방에 유통되는 막걸리나 해외에 수출되는 막걸리는 대부분 살균 막걸리였다. 최근에는 청량감이 없는 살균 막걸리의 단점을 보완하기 위해 인공탄

산을 주입하는 기술이 개발되어 청량감 있는 살균 막걸리 제품
이 출시되고 있다.

단맛을 취(取)하라 – 인공감미료 첨가 vs 인공감미료 무첨가

인공감미료의 딜레마

시중에 나와 있는 80% 이상의 막걸리가 단맛을 내기 위해
인공감미료를 첨가하고 있다. 과거에는 사카린나트륨을 첨가해
단맛을 냈다. 그러다 사카린의 유해성이 대두하자 1990년대
사카린나트륨 사용이 금지된다. 이후 아스파탐(aspartame)이 막
걸리의 인공감미료로 가장 널리 사용되고 있다. 아스파탐은 페
닐알라닌과 아스파르트산을 합성해 만든 인공감미료로 1982
년 일본의 합성감미료 제조업체인 〈아지노모토〉가 개발했는데
단맛이 설탕의 200배에 이르는 감미료다. 한국 전통주의 단맛
은 술을 담는 과정, 즉 알코올 발효를 하고 남은 잔당(殘糖: 포도
당)과 단맛을 내는 아미노산에서 주로 얻어진다. 시간이 지나면
단맛은 점점 약해진다.

막걸리에 강한 단맛을 내는 인공감미료는 언제부터 사용하
게 되었을까? 1960년대에 쌀막걸리가 금지되어 밀가루로 막걸
리를 만들기 시작했을 때부터라는 설이 있다. 백국균을 사용
한 입국을 띄워 밀가루로 담근 술은 매우 시큼했다. 신맛과 단
맛은 상대적이라 단맛이 있다 해도 신맛이 강하면 단맛을 느
끼기 어렵다. 그러다 보니 신맛을 줄이기 위해 단맛이 필요했고

그 단맛을 인공감미료가 내게 된 것이다. 설탕은 발효당으로 막걸리 발효와 도수에 영향을 끼치며 지속해서 단맛을 유지할 수 없다. 이에 비해 비발효당인 사카린과 아스파탐, 아세설팜칼륨 같은 인공감미료는 발효와 도수에 영향을 끼치지 않으면서 안정적으로 단맛을 유지해 준다.

그 후 오랫동안 사람들은 인공감미료를 첨가한 막걸리 맛에 익숙해져 갔다. 막걸리 열풍은 그동안 우리가 의식하지 못했던 인공감미료의 유해성과 조미한 술에 대해 돌이켜볼 기회를 만들어 주었다. 이후 인공감미료 문제가 이슈화되면서 '인공감미료 무첨가'를 강조한 막걸리가 시중에 나오기 시작했다. 그러나 단맛에 익숙해진 사람들은 도리어 그 맛을 어색해했다.

식량부족 때문에 쌀을 사용할 수 없었던 시대의 막걸리는 인공감미료 등으로 맛을 조미하는 경우가 많았습니다. 그러는 사이 우리는 그 맛에 길들고 말았습니다. 아쉬운 것은 지금 우리가 맛좋은 막걸리를 만나도 혀가 그 맛을 느낄 수 없게 되었다는 겁니다.

　　　　　　　　　- 전통주 연구가 박록담 선생님 인터뷰 중에서

그렇다. 이것이 바로 막걸리 단맛의 불편한 진실이다. 그러므로 인공감미료 무첨가 막걸리는 계속 출시될 것이고, 알코올 발효로 자연 단맛을 내는 제조법도 강구될 것이다. 사실 어떤 재료를 쓰고 어떻게 빚느냐에 따라 자연적인 단맛을 낼 수도 있다. 예를 들어 멥쌀보다 찹쌀을 사용하거나 덧술을 해 단맛을 늘릴 수도 있다. 그 대신 가격은 더 올라가게 될 것이다. 인공감미료 무첨가에 대한 양조장의 노력도 있어야겠으나 감미료에 마비된 우리의 혀를 단련시킬 필요도 있고 '막걸리는 저렴한 술'이라는 인식에도 변화가 필요하다.

최근에는 도심양조장을 표방한 〈느린 마을〉의 '느린 마을 막걸리', 정읍 〈태인〉의 '송명섭 막걸리', 고양시 〈배다리 술도가〉의 '배다리 프리미엄 블랙 라벨', 〈청산녹수〉의 '사미인주'가 인공감미료 무첨가 막걸리로 관심을 끌고 있다. 최근 유통업체 CJ에서는 달지 않은 '옛맛 막걸리'를 출시, 단맛에 현혹된 우리 입맛에 도전장을 내고 있다.

막걸리 도수를 취(取)하라 – 6도 막걸리 vs 10도 막걸리

4도 정도인 맥주보다 높고 12도 정도인 와인보다 낮은 막걸리의 도수는 대개 6~8도 사이다. 주세법에서 탁주(막걸리)는 알코올 도수가 3% 이상이면 된다. 6도에서 8도 사이를 왔다 갔다 하며 계속 통제를 받던 도수가 자유로워진 것은 1991년 이후로, 10도 이상의 높은 도수를 가진 고급막걸리가 나오기 시작한 것도 사실 그리 오래되지 않았다. 보통 원주 그대로 채주하거나 물의 비율을 낮게 해 제성한 막걸리다.

도수가 높은 고급막걸리를 처음 시도한 곳은 〈배혜정 누룩도가〉다. 〈배혜정 누룩도가〉는 2001년 서울과 지방의 상류층이 마셨다는 탁주의 일종인 합주를 토대로 10도, 13도, 16도 짜리 막걸리인 '부자'를 출시해 틈새시장을 공략했다. 상품의 가치를 높이기 위해 유리병을 사용하는 등 디자인에도 힘을 기울였다. 초창기에는 '막걸리는 저렴한 술'이라는 고정 이미지 때문에 국내시장 진입에 어려움이 있었지만 기존 6도 막걸리와 차별화하면서 초기 고급막걸리 시장을 형성해 나가고 있다.

최근 풍부한 향과 깊은 맛에 포만감이 적은 10도 이상의 고급막걸리가 계속 출시되고 있다. 도수가 높은 막걸리는 큰 사발이 아닌 작은 잔으로 술의 향과 맛을 즐긴다. 시중에는 〈배혜정 누룩도가〉의 '부자', 전남 함평 〈자희자향〉의 12% '자희향탁주', 충북 옥천 〈고택밀주〉의 13.5% '고택 찹쌀생주', 경기도 파주 〈최행숙 전통주가〉의 10% '초리골 미인 막걸리', 경기도 여주 〈화요〉의 15% '낙낙 생막걸리' 등이 있다.

마시기 전에 취(取)하라 - 맛, 향, 색

맛

'달다, 시큼털털하다, 쓰다, 톡 쏜다, 상큼하다, 감칠맛이 있다, 뒤끝이 좋다, 목 넘김이 좋다, 걸쭉하다' 등 막걸리의 맛에 관해 표현할 수 있는 형용사는 셀 수 없이 다양하다. 그렇다면 어떤 막걸리가 맛있는 막걸리일까? 전통주의 맛을 이야기할 때 오미(五味), 즉 단맛, 신맛, 쓴맛, 짠맛, 매운맛이 조화를 이룰 때 그 맛이 가장 좋다고 한다. 지금 우리가 마시고 있는 막걸리에도 적용할 수 있겠으나 보통의 미각으로 쉽게 느낄 수 있는 맛이란 단맛, 신맛, 톡 쏘는 맛(청량감), 쓴맛 정도다. 발효 후 잔당(殘糖)에 의해 느낄 수 있는 것이 바로 단맛이다. 시중에 나온 막걸리 대부분의 단맛은 자연적으로 얻어지는 것이 아닌 과당과 올리고당, 인공감미료(아스파탐, 아세설팜칼륨) 등에 의해 얻어진 단맛이다.

신맛은 유기산 등에 의한 맛으로 입맛을 돋우는 역할을 한다. 여기서 혀의 미각 상 산(酸)과 당(糖)의 상관관계를 알 필요가 있는데 맛의 균형상 신맛과 단맛의 조화가 무엇보다 중요하다. 막걸리의 청량감은 유기산의 신맛과 발효로 생성된 탄산가스가 조화를 이루어 만들어 내는데 발효온도와 밀접한 관계가 있다. 저온발효를 하면 신맛과 청량한 맛이 증가한다. 〈서울탁주〉의 '서울 장수 생막걸리'는 톡 쏘는 청량감이 강한 막걸리로 유명한데 그 맛에는 '장기저온발효'라는 비밀이 숨겨져 있다. 탄산의 힘은 시간이 지날수록 약해진다. 쓴맛은 발효과정에서 생성된 아미노산으로 만들어진다. 쌉쌀하면서 뒷맛이 가벼운 쓴맛은 식욕을 돋우며 막걸리의 맛을 조절한다.

이러한 맛들이 균형감이 이루었을 때 좋은 맛을 낸다. 이때 입안에 남는 일종의 뒷맛을 감칠맛으로 표현할 수 있다. 수많은 성분이 조화된 감칠맛은 각각의 악기들이 어우러져 내는 오케스트라 연주와 같다. 하나하나의 악기에 대해 잘 알지는 못해도 전체가 조화롭게 어우러져 들려주는 편안함처럼 막걸리도 물을 마실 때처럼 편안하게 넘어가면 가히 좋다 할 수 있다.

향

잘 빚은 발효주에서는 좋은 향이 난다. 이것을 방향(芳香)이라 하는데 막걸리는 보통 원주 상태에서 강하게 느낄 수 있다. 주재료와 누룩의 종류 및 빚는 방법에 따라 사과향, 복숭아향, 바나나향, 장미향, 곡류향, 누룩향 등 그 향이 다양하다. 주재료에 따라 멥쌀은 사과향이 강하고 밀가루는 복숭아향 비슷한 과일향이 강하다. 향을 좋게 하려고 천연 약재나 생강, 솔잎 등을 넣어 빚기도 한다.

지금처럼 원주에 물을 타서 6도 정도로 제성을 하면 알코올 도수가 낮아져 향기 성분이 공기 중에 사라지므로 보통 사람들은 그 향을 느끼기 어렵다. 그런 까닭에 막걸리는 향을 중시하는 술이 아니라는 말도 있다. 그러나 막걸리에는 분명히 향이 있다. 사람의 감각 중에 혀보다 코가 훨씬 민감하다. 막걸리를 담은 잔을 코에 대고 맡아 보라. 엷게 풍겨 나오는 향을 느낄 수 있을 것이다.

색

막걸리의 색은 주로 주재료와 누룩의 영향을 받는다. 멥쌀이면 흰빛을, 밀가루는 누르스름한 색을 띠기 쉽다. 또한 전통누룩인 밀누룩을 사용하면 사용량에 따라 다르겠지만 보통 누런색을 띠며 멥쌀이나 밀가루 입국을 사용할 때는 흰빛을 띠는 편이다. 색은 탁도에 의해서도 영향을 받는다. 탁도는 주재료의 농도가 짙을수록 탁하고, 주재료를 어떤 것을 쓰느냐와 주재료의 혼합비율 등에 따라 다양한 탁도가 나올 수 있다. 보통 밀가루 막걸리가 쌀막걸리보다 탁도가 높다.

막걸리의 맛과 이야기를 담다
– 지역 양조장을 중심으로

우여곡절 많았던 '양조장'

주전자를 들고 양조장에 술을 받으러 갔던 추억담은 어디에
서든 쉽게 들을 수 있는 얘깃거리다. 그만큼 우리의 생활과 가
까이 있었던 막걸리 양조장. 2012년 현재 우리나라에는 770여
개의 막걸리 양조장이 있다. 예전만큼은 아니지만 전국 어느
지역에서나 찾으려 하면 쉽게 만날 수 있는 곳이다.

1960년대 들어 지역사회에 기반을 둔 양조장에 대한 정부
의 대대적인 구조조정이 행해진다. 세금징수의 편리성을 위해
서울을 비롯한 대도시와 지방의 양조장을 통·폐합해 운영하도
록 한 것이다. 이 때문에 '연합 제조장'도 생겨났다. 현재 '서울

장수 생막걸리'를 생산하고 있는 〈서울탁주제조협회〉도 1962
년 당시 서울 51개소에 있던 양조장이 12개로 통·폐합되어 설
립됐다. 1961년 2,600여 개였던 막걸리 양조장은 1977년 통·
폐합으로 인해 1,482개로 줄게 된다.

1962년부터는 양조장이 소속된 시, 읍, 면에서만 막걸리를
판매할 수 있게 하는 탁주판매 지역제한이 시행되었다. 이는
그 지역에서 독과점 판매를 보장받는 것이나 마찬가지였다. 당
시 지역시장 내 경쟁 대상은 없고 수요는 얼마든지 있었다. 그
러다 보니 주질(酒質) 등에 대해 굳이 신경 쓸 필요가 없었는데
이는 후일 막걸리가 추락하게 된 계기 중 하나가 된다.

> 1970년대 들어서면서 농촌마다 새마을 운동이 한창이었지.
> 그때 막걸리 인기는 정말로 좋았어. 그땐 양조장에 종업원이
> 12명이나 있었다고. 하루에 보통 90말(1말에 18ℓ)이나 팔려
> 나갔으니……
>
> — 해남 '산이 양조장' 박양권 사장 인터뷰 중에서

1960~1970년대는 막걸리 전성시대였다. 막걸리 덕분에 각
지역의 양조장은 활기를 띠었고 정미소와 함께 그 지역의 유지
로 통했다. 1980년대 이후 생활수준이 높아지고 다양한 술이
시판되면서 일하는 사람들의 술, 서민의 술이었던 막걸리는 점
점 그 자리를 잃었고 추억의 술, 잊혀 진 술로 남게 된다. 돌파
구를 찾지 못한 양조장은 점차 사양사업으로 접어들게 되었다.

활성화를 위해 1998년 동결되었던 탁주의 신규제조면허가 전면 허용되면서 일정 자격만 갖추면 누구라도 양조장 면허를 얻을 수 있게 된다. 그러나 쇠락의 길을 걷고 있는 양조장은 관심의 대상이 되지 못했고 시간이 지날수록 지방의 양조장은 활기를 잃어갔다.

1995년 10월, 먼저 살균 막걸리에 한해 전국 판매가 가능해지고 2001년 1월에는 40여 년간 계속된 생막걸리 판매의 지역 제한도 해제된다. 자유경쟁에 들어간 것이다. 그러나 해제 이후에도 유통기간이 짧은 생막걸리의 특성상 그 지역을 벗어나 다른 지역에 유통되는 경우는 거의 없었다. 2010년 국순당은 효모의 활성을 조절하고 외부공기 유입을 차단하는 '발효제어기술'을 접목시켜 유통기한이 30일(영상 10도 이하 냉장보관 시)인 생막걸리를 내놓는다. 이를 기반으로 〈국순당〉은 자사의 생막걸리를 전국적으로 유통시킨다. '생막걸리의 전국시대'가 시작된 것이다.

그러나 '막걸리 열풍'에 힘입어 전국 유통망을 가진 대기업들이 지역 막걸리 시장에 진출하면서 동전의 양면처럼 지역의 중소 양조장이 과거보다 어려움을 겪게 되는 결과를 만들기도 했다. 다행인 것은 열악한 환경 속에서도 막걸리에 남다른 애정을 갖고 묵묵히 술을 빚어 온 양조장이 있다는 것이다. 그리고 그 속에는 막걸리를 닮은 막걸리 장인들과 사람들이 함께 한다는 것이다.

발길만 살짝 돌리면 어느 곳에서든 쉽게 만날 수 있는 지역의 양조장, 그 맛과 이야기를 담아보자.

서울·경기

대중의 맛을 이끌다 – 서울탁주의 장수 생막걸리

전국에서 가장 높은 시장을 점유하고 있는 막걸리는 〈서울
탁주〉의 '장수 생막걸리'다. 서울·수도권에서만 80%라는 압도
적인 점유율을 차지하고 있다. 단맛과 신맛의 조화와 함께 목
넘김이 가볍고 청량감이 좋다. 물론 대중에게 가장 많이 팔린
다고 해서 가장 좋은 것은 아니다. 그러나 이 시대를 대표하는
맛으로 전국적으로 막걸리의 맛을 주도하고 있는 것은 사실이
다.

시대에 따라 술의 제조방식에도 변화가 있었다. 서울탁주제
조협회(이하 서울탁주)는 자동화와 과학화를 통한 맛의 균일화에
힘을 기울여 왔다. 그 결과물이 '장수 생막걸리'다. 대량생산에
서 맛의 균일화는 중요하지만 발효주이자 생주인 막걸리의 균
일화는 말처럼 쉽지 않다. 현재 '장수 생막걸리'는 서울 7개의
제조장(영등포, 구로, 강동, 성동, 도봉, 서부, 태릉)에서 만들어지고 있
다. 막걸리 열풍으로 새로운 소비자층이 두터워지면서 막걸리
공급이 수요를 따라가지 못하자 2010년 충청북도 진천에 새로
운 제조장이 세워졌다. 서울에서 생산되는 막걸리는 수입쌀로,
진천에서 생산되는 막걸리는 국내쌀로 빚어 차별화를 두었다.

앞에서 나온 맛의 균일화를 위해 제조장마다 중앙의 자동

제국기에서 만들어진 동일한 입국을 사용해 쌀, 이소말토 올리고당(단맛과 부드러운 맛을 냄), 팽화미, 송학곡자의 전통누룩(향을 좋게 함) 등을 넣어 동일한 방식으로 막걸리를 생산하고 있다. 민감한 혀를 가진 애주가는 제조장에 따라 맛이 미묘하게 다르다고 평가하기도 하지만 대체로 비슷한 맛을 낸다. 톡 쏘는 청량감을 주는 탄산의 비밀은 25~26도의 저온에서 15일간 장기발효를 하는 데 있다. 과거에 비해 탄산이 강하고 부드러우면서도 가벼운 맛은 타 막걸리의 롤모델이 되었다.

대통령은 막걸리를 좋아해 – 배다리 막걸리

막걸리와 대통령! 어떤 상관관계가 있는 것일까? 대통령과 촌부가 논두렁에 앉아 막걸리 한잔을 나누는 장면은 1960~1970년대 대한 뉴우스의 단골메뉴였다. 술에 대한 대통령의 기호를 떠나 '농민과 함께하는 지도자'라는 정치적 이미지를 만드는데 막걸리는 좋은 장치(裝置)였다. 막걸리가 사양길로 가고 있던 1990~2000년대도 정치적 도구로써 막걸리의 위치는 그리 변하지 않았다. 농촌에 있는 시장을 둘러볼 때면 막걸리 한잔 나누는 대통령과 정치가들의 모습은 사람만 달라질 뿐 예나 지금이나 같다.

막걸리와의 이야깃거리가 가장 많은 대통령은 단연 고(故) 박정희 대통령이다. 그가 재임하던 1966년부터 1979년까지 14년간 청와대에 진상됐던 막걸리는 고양시 원당에 있던 능곡 양조장의 막걸리였다. 이 능곡 양조장의 후신이 바로 〈배다리 술도가〉다. 시대의 흐름에 따라 이름은 달라졌지만 1915년부터 5대째 술을 빚고 있다. 청와대에 진상되던 시절에는 밀로 막걸리를 빚을 수밖에 없었지만 대통령이 마시던 이곳의 막걸리는 여인네 속살 같은 뽀얀 빛의 쌀막걸리였다고 한다. 논두렁 밭두렁에서 촌부와 함께 마시던 시큼털털한 밀막걸리의 진실이 무색하다.

지하철 7호선 원당역 6번 출구로 나와 덕양구 벽제 방향으로 500m 정도 걸어가면 〈배다리 술도가〉에서 운영하는 배다리 술박물관이 있다. 2004년에 개관한 이곳에서는 박관원 관장이 평생 모은 술 기구와 도구가 전시되어 술과 관련된 우리의 생활사를 엿볼 수 있다. 무엇보다 반가운 것은 술맛을 보기 위해 찾아온 손님들을 위해 1층 한쪽에 〈배다리 술도가〉에서 빚은 막걸리와 약주, 소주, 그리고 간단한 안주를 내고 있다는 것이다. 대통령이 사랑했던 막걸리! 그 맛을 음미할 수 있다.

군인의 젖줄이 되다 – 포천 이동 막걸리

경기도 포천군에는 군부대가 많다. 1960~1970년대에는 군부대 PX에 대량의 막걸리가 납품되었는데 탱크로리(tank lorry) 삼륜차로 막걸리를 배달하는 모습이 쉽게 눈에 띄던 시절이다. 군부대 막걸리 납품은 1990년대 초반까지 계속됐다. 훈련 후 허기진 배를 채워주고 갈증 난 목을 풀어주던 막걸리는 꿀맛이었을 것이다. 제대 후 그때 마신 막걸리를 잊을 수 없었던 그들의 입소문 덕분에 '포천 이동 막걸리'의 맛이 바깥 세상에 알려지게 된다.

'막걸리의 메카'라고 불리는 포천군에 골골이 박혀있는 양조장 중 가장 유명한 곳은 이동면 백운계곡 끝자락에 있는 이동주조다. 양조장마다 맛의 비결로 암반수, 약수, 탄산수 등 물맛을 드는 경우가 많다. 일반적인 막걸리의 경우, 80% 이상이 물이다 보니 그럴 만도 하다. 그러나 철(Fe)이나 마그네슘(Mg) 등의 성분이 없다면 음용하는 물로도 좋은 술을 빚을 수 있다.

〈이동주조〉도 물맛이 좋은 곳으로 유명하다. 1957년 창업자 고(故) 하유천 씨는 물맛에 반해 이곳에 양조장을 차렸다. 물맛이 변하면 술맛도 변하기 때문에 다른 곳으로 갈 수 없다는 막걸리 장인의 고집이 지금도 남아 있다. 또한 옹기예찬가였던 창업주의 뜻을 이어 지금도 전국 각지에서 모은 옹기 술독을 그대로 사용하고 있다. 최근 막걸리의 기호가 탁도가 높은 농후한(걸쭉한) 맛에서 청량감이 강한 맛으로 변화하고 있지만, 과거의 맛을 살린 밀막걸리(밀가루60%, 쌀40%)와 쌀막걸리(쌀60%, 밀가루40%)를 함께 내고 있다.

양조장의 추억 더듬기 – 지평 막걸리

경기도 양평군 지평리에 있는 〈지평 양조장〉은 오랜 세월을 담고 있는 시골 양조장으로 술도가의 운치를 느낄 수 있어 좋다. 양조장 앞 버드나무 초록 잎이 흐드러질 때는 그 모습이 더욱 목가적이다. 보고 있으면 주전자를 들고 막걸리를 받으러 다녔던 옛 시절의 모습을 상상하기 충분하다.

그러나 그 모습과 달리 1925년에 세워진 양조장은 일제강점기와 한국전쟁 등 근·현대사를 겪으면서 우여곡절도 많았다. 한국전쟁 당시에는 UN군 프랑스 대대 지휘소로 사용되기도 했다.

양조장 안으로 들어가면 둥그런 우물이 있다. 오래된 양조장을 보면 안쪽에 우물이 있는 경우가 많다. 이 우물에서 길어 올린 지하수로 술을 빚는다. 시원하게 넘어가는 맛의 비결이 이 지하수에 있다고 한다. 모든 작업은 수작업으로 이루어지고 있으며 발효제인 입국은 지금도 오동나무 상자를 사용해 배양하고 있다. 오래된 양조장의 안쪽 천장이나 내벽을 보면 검푸른 곰팡이가 피어 있는 경우가 많은데 비위생적이라고 생각할 수도 있을 테지만 그건 몰라서 하는 말이다. 이 곰팡이는 막걸리 발효에 도움을 주고 외부세균 침투를 막아 주는 유익한 균이기 때문이다. 곰팡이가 핀 발효실은 술맛을 내는 양조장의 자부심이기도 하다. 이곳에 있던 곰팡이들이 리모델링을 하면서 보이지 않게 된 것은 아쉬운 일이다. 이곳에서는 밀막걸리(밀가루 100%)와 쌀막걸리(쌀70%, 밀가루30%) 두 종류를 빚고 있다. 시원한 단맛이 돌며 감칠맛이 좋다.

막걸리계의 허준을 꿈꾸다 – 불곡산 막걸리

〈양주탁주 합동제조장〉의 연구실장인 김기갑 씨는 막걸리를 "미생물의 발효작용이 낳은 최고의 걸작"이라 표현한다. 그가 현장에서 일하면서 대학원에 진학해 식품공학을 전공한 것도 미생물과 막걸리에 대해 더 알고 싶었기 때문이다. 사양사업으로 접어든 막걸리 양조장에서 막걸리의 가능성을 믿고 연구하는 그를 만난 것은 막걸리의 밝은 미래를 본 듯 반가운 일이었다.

> 같은 발효식품인 고추장이나 된장은 곰팡이를, 맥주는 효모를, 요구르트는 유산균을 중심으로 연구하면 되지만 막걸리는 곰팡이(효소), 효모, 유산균 세 가지 요소를 모두 연구해야 합니다. '막걸리' 하면 쉬운 술이라는 이미지가 있지만 실은 복잡하고 어려운 술입니다.
>   – 양주탁주 합동제조장 김기갑 연구실장 인터뷰 중에서

막걸리 제조에서 문제가 발생했을 때 정확한 진단과 처방이 아닌 그 자리에서 급한 대로 대책을 마련하는 일이 많다고 한다. 발효할 때 가끔 좋지 못한 거품이 발생하는 경우가 있는데 거기에는 각각의 다양한 원인이 있고, 그 원인마다 적절한 처방이 필요하지만 대부분 일률적인 방식으로 처리해 술의 질이 확연히 떨어지거나 식초가 되어 버리는 경우가 많다고 한다. 훗날 그는 양조장을 찾아다니며 자신의 지식과 경험을 살려 제조과정에서 아파하는 막걸리를 치료하는 일을 하고 싶다고 한다. 마치 막걸리 세상의 명의 허준을 꿈꾸는 것 같다. 늘 미생물과 함께 하는 그가 만들어 내는 '불곡산 막걸리'는 목젖을 가볍게 때려주는 청량감과 함께 신맛과 단맛의 균형감이 좋다.

강원도

강원도 두메산골의 술 – 옥수수 막걸리

예부터 쌀이 귀했던 강원도에서는 옥수수나 감자, 메밀 등 잡곡을 이용해 술을 빚어 왔다. 강원도에 간다면 옥수수와 메밀로 빚은 막걸리를 한잔하는 것은 통과의례! 겨울나기 식량을 하고 남은 옥수수를 엿기름가루와 함께 물에 불린다. 그 후 걸쭉하게 끓여 식힌 후 누룩을 넣어 막걸리를 빚는다. 엿기름을 넣는 것은 옥수수가 경질이기에 당화를 쉽게 하기 위해서다. 신맛이 강하고 텁텁하지만 눈 내리는 겨울밤 몸을 녹이기에는 그만한 술이 없었다.

정선읍에서 20km 떨어진 '여량(餘糧)'은 '식량이 남아돈다'는 뜻을 가진 마을 이름처럼 하늘이 세 평이라는 산세 강한 정선군에서 비교적 비옥한 옥토를 가진 마을이다. 바로 이곳에 있는 술도가가 〈여량 양조장〉이다. 이곳은 40여 년 동안 막걸리를 빚고 있는 김준식 공장장의 손길이 그대로 배어 있는 '아우라지 옥수수 막걸리'의 맛이 유명하다. 전통방식은 아니지만 옥수수 막걸리의 향수를 느낄 수 있다.

옥수수 막걸리는 보쌈을 하고 입국상자를 갈아 쌓는 등 수작업을 통해 만든 입국을 이용해 빚는다. 밀가루와 상질의 옥수수가루의 비율은 82:18이다. 도수가 8%인 옥수수 막걸리는 텁텁한 맛과 엷은 쓴맛이 입맛을 돋우는 남성적인 술이다. 막걸리 몇 병을 사 들고 정선아리랑의 전설이 깃들어진 아우라지

강을 가보자. 님을 기다리다 망부석이 된 여랑리 처녀의 구슬
픈 노랫가락이 들려올지 모른다.

엿 고는 황골마을의 술 – 옥수수엿술

그 지역의 자연·사회적 환경에 따라 술의 재료나 빚는 방식
은 다르다. 옥수수를 주재료로 하여 독특한 방식으로 술을 빚
는 곳이 있다. 치악산 기슭에 자리 잡은 작은 산촌인 '황골'이
다. 원주 시내에서 자동차로 20분 정도면 갈 수 있는 이곳은
예부터 겨울이 되면 집집마다 엿을 고아 생계를 이어 나갔다.
황골엿이라 하면 원주뿐만 아니라 서울과 부산 등 대도시에서
도 알아주었다. 엿이 최고의 간식이며 때로는 소화제로, 때로는
가래를 삭이는 민간약으로 쓰이던 시절의 이야기다. 옛날만큼
은 아니지만 지금도 겨울이 되면 집집마다 엿을 곤다.

커다란 가마솥에 쌀과 옥수수 그리고 엿기름을 넣고 주걱
으로 저어가며 엿을 만드는 모습은 이곳의 일상이다. 가마솥
을 지키며 젓고 또 젓고, 그렇게 노동과 기다림의 연속에서 만
들어지는 것이 이곳의 엿이다. 그러나 이곳이 주당들에게 더 반
가운 것은 황골엿술, 즉 옥수수엿술 때문이다. 엿을 곱는 과정
에서 누룩을 넣어 옥수수엿술을 빚는다. 집마다 그 맛이 조금
씩 다르지만 목 넘김이 좋으며 혀끝에 남는 단맛의 여운이 좋
다. 동네 큰길가에 있는 황골바보집의 노부부는 두부와 도토리
묵을 직접 만들어 낸다. 엿 고는 흰 연기가 굴뚝마다 피어오르
는 겨울. 순한 두부를 넣고 끓인 전골에 마시는 황골엿술은 겨

울 정취를 더한다.

그곳 땅에서 나는 작물을 살려라 – 송이 동동주

최근 차별화를 위해 그 지역의 특산물을 이용한 막걸리 제조가 큰 관심을 얻고 있다. 〈양양 민속도가〉는 양양의 특산물인 자연 송이버섯을 이용해 술을 빚고 있다. 도가의 주인은 속초 출신의 김광희 씨다. 술집을 운영하다가 술 빚는 데 관심을 두게 되었고 이제는 양조장의 주인이 되었다.

지방의 양조장이 살아남기 위해서는 차별화가 필요합니다. 지역성을 살리면서 경쟁력이 있는 것이 무엇인지 고민 끝에 송이버섯을 생각하게 되었지요. 연구와 실험 끝에 2005년 1월에 송이를 이용한 송이주와 송이 동동주를 출시했고, 최근에는 동해안 심해수를 이용한 술을 개발했습니다.

– 양양민속도가 김광희 사장 인터뷰 중에서

특산물인 송이와 함께 국내에서 재배된 쌀로 빚은 송이 동동주에는 백미 95%와 송이 5%가 들어가는데 다른 양조장과 술 빚는 방식이 사뭇 다르다. 바로 '무증자(無蒸煮)법'으로 주재료인 쌀을 찌지 않고 생쌀로 발효시키는 것이다. '생쌀발효법'이라고도 한다. 조선 시대의 대표적인 전통주로 술 빛깔이 흰 노을 같다 하여 이름 지어진 백하주를 빚는 법인데 1992년 이 제법을 응용해 탄생한 〈국순당〉의 '백세주'가 대히트를 하면서 화제가 되었다. 〈국순당〉의 창업주인 배상면 옹에 의해 보급된 무증자법은 분해효소가 강력한 누룩균(라이조푸스)을 배양한 개량누룩을 사용한다. 〈국순당〉의 '우국생'과 '생막걸리'는 무증자법으로 만들어진다. 증자보다 맛과 향이 좋으며 광열비를 절약할 수 있지만 발효과정에 세밀한 주의가 필요하다. 김광희 씨는 발효과정에서 분쇄한 생송이의 향이 사라지지 않고 남아 있을 수 있도록 장기저온발효를 하고 있다. '송이동동주'는 저온숙성에서 오는 은은한 향과 함께 부드러워 목 넘김이 좋다.

충청도

효모에도 고수들이 있다 - 덕산 막걸리

'생거 진천(살아서는 진천)'이라 불리는 충청북도 진천 덕산면 용몽리에 있는 양조장 〈세왕주조(구 덕산 양조장)〉. 이곳에 가면 세 번 놀란다. 첫 번째는 측백나무가 둘러싸고 있는 이국적인 양조장의 풍광, 두 번째는 자연을 이용한 양조장의 과학적 설계, 마지막으로 술을 빚는 주인장의 철학과 방식 때문이다.

측백나무는 경관만을 위해 심은 것은 아니다. 나무에서 날리는 가루(진액)가 양조장 나무 외벽에 붙어 나무가 썩지 않게 하는 일종의 방충제 역할을 한다. 칡넝쿨로 얽어맨 대나무 골격에 황토를 바른 내부의 벽 안과 천장에는 왕겨가 가득 차 있는데 이는 적정온도와 습도를 유지해 준다. 왕겨는 온도와 습도에 민감한 양조장에 많이 쓰이는 건축자재다. 발효실 천장에는 작은 미닫이창이 있는데 해로운 공기를 외부로 빼내는 환기 시설로 과학적 지혜가 담겨 있다. 1930년대에 지어진 술도가는 자연을 이용해 술을 빚는 데 있어 최적의 환경을 이루고 있다. 2003년 이곳은 근대 양조장으로 보존가치를 인정받아 근대문화유산으로 지정되었다. 입국상자를 이용해 균을 배양하는 등 대부분 수작업으로 막걸리를 빚고 있다. 땜질을 해 가면서 쓰고 있는 80년 된 술항아리는 또 하나의 자랑이다.

3대 째인 이규행 씨는 독특한 사고방식으로 술을 빚고 있다. 효모는 당을 분해하여 알코올을 만들어내는 일을 한다. 따라서 막걸리를 빚는 데 효모 관리는 필수다. 그는 발효 단계부터 효모균에게 혹독한 훈련을 시키는데 나중에는 험난한 환경 변화에 적응한 놈들만 살아남게 된다고 한다. 이렇게 만들어진 효모 정예부대는 술을 장기간 발효시켜 도수가 높은 술을 만들어낸다는 것이다. 발효주의 도수는 덧술의 횟수에 따라 달라질 수 있지만 보통 13~17도로 최고 도수라 해도 20도를 넘지 않는 것이 일반적이다. 알코올 함량이 20도 정도 되면 효모균이 살아남지 못하기 때문이다. 그러나 진천 막걸리는 효모 정예부대의 활약에 힘입어 도수를 22.8도까지 높이는 데 성공했다고 한다. 고수들이 만들어 낸 술맛은 어떠할까? 그 맛이 궁금하다면 진천의 '덕산 막걸리'를 찾아라.

대통령을 추억하다 – 오곡진상주

문경새재와 박달재 등 길과 길을 잇는 주요 고갯길에는 사람들의 왕래가 잦았다. 지금이야 그 모습을 찾을 수 없지만 그런 곳에는 으레 주막이 있었고 주막촌을 이루기도 했다.

충청북도 단양군 대강면 고갯길에 있는 〈대강 양조장〉은 경상북도 영주시 풍기읍과 이어지는 소백산 죽령길의 초입에 있다. 술 빚기 2대인 조재구 씨는 이곳에 과거 주막촌이 있었고 술 빚는 솜씨가 좋아 술과 인연이 깊은 곳이라 자랑한다. 바깥 세상에 그리 알려지지 않았던 이곳의 막걸리가 전국적으로 알려진 것은 고(故) 노무현 대통령과의 특별한 인연 덕분이다. 2005년 5월 농촌시찰을 온 대통령은 맛이 좋다며 막걸리 몇 잔을 거듭 마셨다. 그 후 대통령의 술이 되었고 청와대에 납품되어 청와대 만찬용 술로도 사용된 것이다. 대통령의 은총을 받은 '오곡진상주'는 서로 성질이 다른 다섯 가지 곡물인 쌀, 보리, 밀, 옥수수, 조가 부드럽게 어우러져 맛과 향을 낸다. 소백산 지하 암반 180m에서 뽑아 올린 탄산 지하수 덕분일까? 고 노무현 대통령의 환한 웃음만큼 그 맛이 부드러우면서 상쾌하다. 그를 추억하듯 사람들은 이곳의 술을 찾는다.

쌀과 이야기를 나누다 – 미담(米談) 막걸리

최근 충청남도 당진에서 나오는 막걸리가 화제가 되고 있다. 당진산 해나루 쌀과 하얀 연꽃잎을 넣어 빚는 신평면 〈신평양조〉의 '하얀 연꽃 생막걸리', 면천 두견주로 유명한 면천면 〈하나주조〉에서 빚는 '면천 샘물 생막걸리', 그리고 새롭게 순성면에 뿌리를 내린 〈성광주조〉에서 빚고 있는 '미담'이 그 주인공이다.

'쌀과 이야기를 나누다'라는 의미를 담고 있는 미담은 막걸리 이름으로 화제가 되기도 했다. 과거 막걸리 용기에 쓰여 있는 이름을 보면 '포천 막걸리' '옥수수 막걸리' 등 지역이나 재료, 양조장의 이름을 붙여 사용하는 것이 대부분이었다. 최근에 와서야 '미담'과 같이 막걸리에 고유 이름을 붙이기 시작했으며 획일화되어 있던 용기나 라벨에도 상품디자인이라는 개념이 서서히 적용되고 있다.

'미담'은 45년간 〈서울탁주〉에 근무하며 '장수 생막걸리'의 맛을 탄생시키는 데 일조한 성기욱 씨가 은퇴 후 당진에 내려가 빚기 시작한 막걸리다. 막걸리의 맛과 기술 개발을 위해 끊임없이 40여 년을 달려온 장인 정신이 담겨 있다. 저온장기발효로 탄산이 강하며 깔끔한 맛을 자랑한다. 그러나 서울 장수 생막걸리가 갖는 맛의 한계를 크게 벗어나지는 못한 맛이다.

경상도

밀막걸리를 사수하다 − 불로 막걸리

서울에 '서울 장수 생막걸리', 부산에 '생탁', 인천에 '소성주'가 있다면 대구에는 '불로 막걸리'가 있다. 1970년 49여 개의 양조장을 통합해 설립된 〈대구탁주〉가 제조하는 막걸리다. '불로 막걸리'는 대구 막걸리 시장에서 80%의 점유율을 차지한다. 막걸리 열풍이 일면서 밀막걸리에서 쌀막걸리로 빠르게 전

환되어 갔다. 특히 대도시에서는 밀막걸리를 거의 찾아볼 수 없게 되었다. 그러나 대구는 다르다. 현재까지도 밀가루 100% 인 불로 막걸리가 사랑을 받고 있다. 90% 쌀로 빚은 불로 동동 주가 나오고는 있지만 역시 밀막걸리를 더 찾는다. 익숙해진 맛을 쉽게 버리지 못하는 대구 사람들의 보수적인 소비성향과 강한 애향심으로 지역 막걸리를 선호하기 때문이다. 다른 도시와 비교해 대규모 업체의 막걸리가 쉽게 침투하지 못하는 이유가 되기도 한다. 시류에 휩쓸리지 않은 채 밀막걸리에 대한 충성심이 높은 대구. 앞으로 대구 막걸리 시장의 판도가 어떻게 될지 관심이 간다.

'불로 막걸리'는 부담스럽지 않은 텁텁함과 강하지 않은 단맛, 신맛이 조화로운 남성적인 맛으로 질리지 않고 마실 수 있다. 밀막걸리의 좋은 맛이 잘 살아 있어 그 맛이 그리워지곤 한다.

짭조름한 왕소금과 만나다 – 회곡 막걸리

안동 풍산면 회곡리(回曲里) 2차선 도로변에 있는 〈회곡 양조장〉은 낮은 산기슭 아래 자리를 잡고 있다. 37세 때 남편과 사별한 김순자 씨는 어린 자식들을 등에 업고 우물에서 물을 길어 술을 빚으며 양조장을 지켜 왔다. 남자도 어렵다는 술도가를 여자 혼자의 힘으로 지켜온 것이다. 이제는 등에 업고 있던 아들이 어머니의 뒤를 이어 양조장을 지키고 있다.

과거 들녘에서는 땀 흘려 일한 후 새참으로 막걸리 한잔을 시원스레 들이켰다. 갈증해소도 되고 에너지도 됐다. 이때 변변

한 안주가 없을 때는 굵은 소금을 먹었다. 햇볕에 땀을 흘려 염분이 빠져나가니 염분보충도 한 셈이다. 필자가 막걸리와 굵은 소금의 어울림을 알게 된 곳이 바로 여기다. 지나가는 나그네가 한잔 마시고 갈 수 있도록 문 앞에 막걸리 사발과 굵은 소금이 놓여 있었다. 짭조름하게 녹아드는 굵은 소금의 맛이 막걸리와 잘 어우러졌다. 이제 맛있는 소금만 보면 막걸리 안주로 마음이 설렌다.

물길이 돌고 도는 곳이라서 그럴까? 회곡은 수질검사에서 가장 높은 평가를 받을 만큼 물이 좋기로 유명하다. 그 물로 빚은 막걸리의 맛 또한 나그네의 땀을 식혀 줄 정도로 시원하다.

음악에 맞춰 춤추게 하라 – 단장 막걸리

팔도 장타령에 '오밀조밀 밀양장 막걸리 맛에 못 보고~'라는 구절이 나올 정도로 예부터 밀양은 막걸리 맛이 좋았다 한다. 그래서 밀양에 가는 길은 언제나 설렌다. 그런 설렘을 채워 준 곳이 바로 천황산 표충사 가는 길목에 자리 잡고 있는 〈단장 양조장〉이다. 조용한 시골 마을 길가에 있는 자그마한 양조장을 지키고 있는 주인장은 단장면 출신인 박종대 씨다. 그는 어릴 적부터 술 익는 냄새 풍기는 동네 양조장의 주인이 되고 싶었다. 외지에 나가 살던 그는 2002년 고향에 돌아와 어릴 적 꿈을 이뤘다.

사진을 찍고 시를 쓰는 그는 술을 만들어 내는 미생물을 애

인 대하듯 부드러운 감성으로 대한다. 술항아리 속에 사는 수
많은 미생물이 음악에 맞춰 춤을 출 수 있도록 음악을 들려주
기도 한다. 미생물과 소통하는 그의 방식이 통한 것일까? 쌀과
밀가루를 8:2로 섞어 빚어낸 막걸리는 왈츠처럼 부드럽고 은은
하면서도 스윙처럼 경쾌한 맛을 낸다. 지금 이 순간에도 그가
틀어주는 음악에 맞춰 미생물들이 춤을 추며 술을 내고 있을
것이다.

전라도

남쪽 바다 섬의 자연을 머금다 – 개도 막걸리

'여수' 하면 무엇이 떠오르는가? 2012년 세계박람회, 붉은
동백꽃이 떨어지는 오동도, 아니면 맵싸한 돌산 갓김치? 막걸리
좀 찾아 마시는 주당(酒黨)이라면 '개도 막걸리'를 떠올릴 수도
있다. "개도 마신다고 해서 개도 막걸리다"라는 우스갯소리도
있지만 개도(蓋島)는 여수에서 배를 타고 1시간 정도 가야 하는
섬으로 그곳에서 빚어지는 술이라 '개도 막걸리'라 부른다.

화정면에 있는 〈개도 양조장〉은 섬에서는 꽤 큰 건물이긴 하
지만 바로 옆에 살림집이 있는 가내수공업 정도의 술도가다.
이곳에서 김성만 씨 부부가 빚어내는 술이 바로 개도 막걸리다.
이곳에서 태어나 서로 연을 맺고, 이곳을 한 번도 떠난 적이 없
는 부부는 부지런히 몸을 움직여 어린 시절 부러워했던 양조장
의 주인이 되었다.

밭을 매다 온 부부는 개도 막걸리 맛을 이렇게 이야기한다. "물맛이 좋지요. 천제산의 맑은 물이 워낙 좋아요. 그걸로 빚으니 맛있는 거죠. 뭐 특별한 게 있나요?" 개도의 아름다운 산과 들녘의 풍광, 맑은 물과 바람, 그리고 성실함과 순박함이 배어 있는 사람들. 이 모든 것이 어우러져 나온 게 바로 '개도 막걸리'의 맛이다. 입에 감기는 단맛과 신맛이 적당히 도는 청량감이 좋다. 거북선을 수리한 것으로 알려진 선소(船所) 슈퍼 등 여수 시내에서도 '개도 막걸리'를 마실 수 있지만 섬으로 직접 떠나보는 것도 좋다.

이보다 화려할 수 없다 – 황금빛의 술, 울금 막걸리

막걸리가 지역의 특산물을 이용해 색색의 옷을 입기 시작했다. 분홍빛을 띤 경북 문경의 '오미자 막걸리', 노르스름한 밤알을 닮은 충남 공주의 '알밤 막걸리', 연분홍빛으로 꽃단장한 충북 진천의 '검은쌀 막걸리', 회색빛을 띤 강원도 봉평의 '메밀 막걸리' 등 다양한 색을 가진 막걸리들이 마시는 재미에 보는 재미까지 더해주고 있다. 새로운 트렌드로 등장한 이런 막걸리들은 대부분 지역성과 영양학적인 기능성을 강조한다.

울금(강황)은 카레의 재료로 많이 알려졌는데 전라도 진도와 광주 등에서 재배되는 특수작물이다. 광주광역시 광산구에 있는 〈우리 술〉은 일반 막걸리뿐만 아니라 발효한 울금을 이용해 막걸리를 빚고 있다. 잔에 따르다 보면 우선 개나리꽃물을 들인 듯한 황금빛에 압도된다. 두 번째로 울금에서 오는 특유의 맛과 향이 입에 맴돈다. 강렬하게 다가오는 이 맛은 익숙하진 않으나 신선한 맛이다. 막걸리는 어떤 재료와도 쉬이 어울릴 수 있는 포용력 있는 술임이 틀림없다.

〈우리 술〉은 2대가 함께 술을 빚고 있다. 〈우리 술〉에서 새로운 가능성을 찾으려는 젊은 세대가 함께 일하는 양조장이라 앞으로가 더 기대된다.

부산

누룩마을의 술 – 금성산성 막걸리

부산 동래 금정산의 능선 안쪽 아늑한 분지에 자리 잡은 산성 마을. 바다를 낀 대도시 부산에서 이렇게 한적한 산골 마을을 만나는 건 나그네로서 큰 행운이다. 이곳은 예로부터 술의 씨앗인 누룩으로 유명한 곳이다. 정확한 연대는 알 수 없으나 마을 사람들은 몇 백 년을 거쳐 대대로 누룩을 만들어 생계를 이어왔다.

과거 주세법에 따라 몰래 빚어내다 팔아야 했던 누룩. 서슬 퍼런 단속반들의 눈을 피해 늘 불안에 싸여있던 산성마을 사람들에게 쨍하고 해 뜰 날이 찾아왔으니, 그때가 1979년이다. 이곳 누룩으로 빚은 막걸리 맛에 반한 고(故) 박정희 대통령의 특별지시 덕분에 민속주 제조 허가가 난 것이다. 박정희 대통령이 서거하기 3개월 전이었다.

1980년 마을 사람들이 모여 만든 양조장에서는 평생 할머니들이 발로 디디고 띄운 피자 모양의 누룩을 넣어 술을 빚는다. 마을의 바람과 공기가 고스란히 담긴 전통 누룩의 맛이 그대로 스며든 막걸리는 구수하고 산미가 뛰어나다. 산들바람 부는 평상에 앉아 이곳의 또 다른 명물인 염소불고기에 막걸리를 한잔하고 있으면 세상 부귀영화가 부럽지 않다.

지방에 가면 그 지역 특성이 있는 안주에 막걸리를 한잔 하고 싶지만 대부분 아쉬움으로 끝나는 경우가 많다. 막걸리야 그리 안주가 있어야 하는 술은 아니지만 그 지역의 막걸리와 어울리는 그 지역만의 특별한 안주가 있다면 금상첨화라 할 것이다. 산길과 산성을 따라 걷다 만나는 '산성 막걸리'와 염소불고기! 이는 이곳의 자연과 문화를 먹는 것이다.

마시자 한 잔의 술
- 막걸리가 있는 대폿집 순례

막걸리집의 변천, 주막에서 막걸리바까지

막걸리를 마시는 공간도 막걸리와 함께해 온 세월만큼 변화해 왔다. 고갯길 넘어 주등(酒燈)을 밝힌 주막, 진 안주 마른안주 내던 시장터 목로주점, 막걸리 가득 담은 주전자와 큼지막한 사발을 내놓던 대폿집, 옛 향기 그윽한 민속주점 등은 세월의 흐름 속에서 우리와 함께 동고동락한 술집들이다.

나그네들의 쉼터가 되어 준 주막(酒幕)

장터와 큰 고개 길목, 나루터 등 사람과 물자가 오고 가는 곳이면 으레 주등을 단 주막이 있었고 주막촌을 이루기도 했다. "주모!" 하며 객이 나타나면 주모의 손이 바빠진다. 주막이 언제부터 존재했는지 정확한 고증은 없지만 조선 시대에 많은 주막이 생겨났다고 한다. 주막 입구에 '酒(주)'라고 쓴 등이나 술을 거르는 용수를 장대에 걸어 표시했다. 손님은 주로 길 떠나는 나그네나 상인(보부상), 동네 남정네들이었다. 시장기를 채워주는 국밥에 막걸리 한잔이 곁들어지기도 했고 막걸리 한잔에 공짜 안주가 따라 나왔다. 술이나 음식을 먹으면 따로 돈을 받지 않고 잠자리를 내주기도 했다.

나그네의 휴식처이자 동네 사랑방 구실을 한 주막은 긴 세월 우리와 함께 숨 쉬어 온 열린 공간으로 점차 주점(酒店), 선술집, 밥집 등으로 분화되어 갔다. 1970년까지만 해도 시골 길에서 볼 수 있었던 주막은 도로가 발달하면서 하나 둘 사라져 이제는 TV 속 역사드라마나 민속촌, 가게 간판 등에서나 찾아볼 수 있게 됐다.

경상북도 예천군 풍양면 삼강 나루에 있는 '삼강주막'은 자연적으로 남은 가장 오래된 주막으로 주모 유옥련 할머니가 2005년 세상을 떠날 때까지 약 70년간 희로애락을 함께 했던 곳이다. 현재 민속자료 제304호로 지정되어 있다. 개발이 되어 옛날만큼의 한적함은 없지만 나루터 주막의 운치를 느끼며 동네 아낙네가 빚은 막걸리 한잔을 즐길 여유는 있다.

서서 마셔야 했던 선술집

신윤복의 「주사거배(酒肆擧杯)」라는 그림을 보자. 갓을 쓰고 도포를 입은 남정네들이 술청 앞에 서 있는 모습을 볼 수 있다. 서서 마셔야 하는 선술집의 풍경이다. 요즘은 선술집이라 하면 '저렴하게 한잔 할 수 있는 술집'을 생각하지만 본래의 의미는 말 그대로 '서서 마시는 술집'이다. 일본에서는 '다찌노미야(立ち飲み屋)'라 하여 지금도 인기 있는 술집 중 하나다.

선술집의 일종인 목로주점은 번화가 뒷골목에 많았다. 목로(木爐)란 좁고 긴 목판으로 만든 상인데 이 위에 술과 안주를 놓고 파는 술집을 목로주점이라 하였다. 술을 주문하면 특별한 안주 이외에 공짜 안주가 따라 나왔다. 일제강점기에는 서울 청계천을 경계로 남촌(현재의 충무로나 명동)에 서구적인 카페나

신윤복의 풍속화 「주사거배(酒肆擧杯)」

술집이 많았고, 조선인들의 거리였던 북촌(종로 거리)에는 목로주점이 성행했다. 서서 마시던 선술집은 세월에 따라 원래 의미와는 달리 저렴하게 앉아서도 한잔 할 수 있는 술집으로 변형되었다. 비슷한 의미로 선술집과 함께 실비집도 있었다. 실비집이란 이름 그대로 실비(實費), 곧, 이문을 거의 남기지 않고 싼 가격으로 술과 안주를 내주던 곳을 말한다.

오늘 대포 한잔 어떤가! 대폿집

1945년 일제로부터 해방된 후 전국적으로 경제개발이 진행된 1950~1970년대에 서민과 희로애락을 함께 한 술집으로 대폿집을 들 수 있다. 대포란 한자어 '대포(大匏)'에서 온 말로 큰 잔 또는 큰 잔에 마시는 술을 뜻한다. 큰 잔에 마실 수 있는 술이라 하면 단연 도수가 낮은 막걸리다. 그래서 대폿집이라 하면 막걸리를 주전자 또는 잔에 담아 빈대떡이나 고만고만한 안주와 함께 내주던 술집을 말한다(잔술에 담은 청주를 대포라 하기도 했다). 서툰 글씨로 '왕대포(잔술이 있던 시절, 대폿잔이 크다는 것을 강조한 파생어)'라 쓰여 있는 유리 격자문을 스르륵 열고 들어가면 젓가락통이 덩그러니 놓인 드럼통 테이블이 몇 개 놓여 있고, 주방에는 찌그러진 누런 주전자가 옹기종기 걸려 있었다. 막걸리를 주문하면 주인장 여인네가 항아리의 술을 휘휘 젓고 주전자에 담아 허연 김치와 함께 내준다.

대폿집은 가난한 예술가와 문화인들의 아지트가 되기도 했다. 이봉구의 소설 『명동 백작』은 '은성' 등 명동의 대폿집과 함께 했던 문학인들의 애환을 잘 그리고 있다.

흰 광목으로 둘린 포장이
벗겨지며
세종로 뒷골목
노벨, 아리스 다방 근처
대폿집 생각
북어를 뜯으며
싸구려 대포 한잔 들어가면
세상은 모두 그게 그거
그저 그런 거지
잘난 게 어디 있고 못난 게 어디 있나
아는 놈 어디 있고 모르는 놈 어디 있나
자, 말은 정객들에게 주고 술이나 들어 드세나

- 이봉구의 소설 『명동 백작』 중에서

1960~1970년대 격동의 세월을 함께 해온 대폿집은 막걸리의 쇠락과 함께 동네에서 쉽게 찾아볼 수 없게 되었다. 그러나 아직 서울 을지로 3·4가와 종로 피맛골 골목길, 시골길을 다니다 보면 허름한 간판을 걸고 있는 옛 대폿집을 볼 수 있다. 그곳에 가면 막걸리 한잔에 희로애락을 녹여내며 살아가는 사람들의 진솔한 얼굴을 볼 수 있다.

젓가락 장단에 흥이 나던 니나놋집

치마저고리로 곱게 단장한 여인네의 젓가락 장단과 함께 했던 니나놋집. 민요의 후렴구이기도 한 '니나노'는 술집에서 박자를 맞춰가며 부르는 노래 또는 접대부를 가리키는 속어이기도 하다. 그래서 니나놋집이란 니나노가 퍼져 나가는 술집을 말하며 번화가의 한적한 뒷골목이나 역 근처, 시장통 등에 많았다. '흥청망청 즐기는 작부집'이라는 부정적인 이미지가 있지만 그래도 순수시대 남정네들의 여흥 공간이며 풍류의 공간이기도 했다. 한국인의 능란한 젓가락 장단이 태어난 니나놋집은 이제 좀처럼 찾아볼 수 없는 추억의 술집이 되었다.

그때 그 시절 – 학사주점(學士酒店)과 민속주점(民俗酒店)

엘리트적인 냄새가 물씬 풍기는 학사주점은 1970년대 대학가를 중심으로 생기기 시작했다. 대폿집이 넓은 연령층을 대상으로 했다면 학사주점은 특정 계층인 젊은이들을 겨냥한 주점이었다.

1962년 방황하던 지성인들이 모여 명동에 술집을 하나 낸다. '학사주점'이라는 술집이다. 두부부침과 빈대떡 등 특별한 안주는 없었으나 소문이 나면서 대학생을 비롯해 언론인과 문인 등 당대 지성인들의 발길이 끊이지 않았다. 1968년 청년지식인들이 검거되는 '통일혁명당 사건'이 일어났는데 그들이 검거되기 직전까지 아지트로 사용했던 곳이 학사주점이라 하여 이 사건을 '학사주점 사건'이라고도 하였다. 그 후 학사주점은 시대의 아픔과 고통을 함께하는 젊은이들의 술집으로 고유명사화 되었다. 젊은이들의 해방구였던 학사주점은 대학가를 비롯해 종로 뒷골목인 피맛골이 유명했다.

민속과 전통에 관한 관심이 높아지기 시작한 1980년대. 학사주점보다 손님의 폭을 넓힌 민속주점(전통주점)이 등장한다. 주전자 대신 옹기항아리에 술을 담아 조롱박 바가지를 띄워 내 왔다. 막걸리보다 고급주로 인식된 밥풀이 동동 뜬 동동주가 대중화된 곳이기도 하다. 서울의 인사동 골목길을 걷다 보면 예스러운 정취가 풍기는 민속주점을 쉽게 만날 수 있다.

새로운 등장 – 퓨전 대폿집과 막걸리바

2004년경부터 젊은 층 사이에 막걸리가 퍼져 나가면서 옛 대폿집의 정취를 살리되 현대적인 요소를 가미한 퓨전 대폿집이 인기를 얻었다. 노스탤지어의 감성을 불러일으키는 갈색톤 실내 분위기에 막걸리를 담은 노란색 양은 주전자가 나오기도 하고, 모던한 실내 분위기에 색색의 과일 막걸리가 담긴 투명한 유리 피처가 나오기도 한다.

2009년부터는 각 지역에서 나오는 막걸리를 맛볼 수 있는 막걸리바가 유행의 중심지인 홍대와 강남을 중심으로 생겨나기 시작했다. 이곳에서는 막걸리와 함께 빈대떡부터 퓨전요리까지 세련된 감각으로 무장한 안주들을 함께 내준다. 다양한 막걸리를 비교하면서 마실 수 있는 재미 덕분에 여성층과 젊은 층을 중심으로 인기를 얻고 있다.

정에 취해 맛에 취해 – 대폿집 순례

대폿집의 매력

여행을 떠나면 늘 통과의례처럼 지역의 오래된 대폿집을 찾아 나섰다. 주인아줌마가 직접 빚어낸 술과 그 지역의 양조장 막걸리, 입에 감치는 소박한 안주들, 인정 넘치는 주인장과 오래된 단골손님들의 다정함, 무엇보다 도심의 깔끔하고 세련된 술집에서 느낄 수 없는 소박한 맛과 정이 매력적이었다.

대폿집의 매력이라면 스스럼없이 서로 함께 할 수 있다는 겁니다. 인정 넘치는 주인아주머니와의 소통으로 경계심이 사라지고, 처음 만난 손님과도 술잔을 부딪치면서 자연스럽게 술 친구, 이야기 친구가 될 수 있는 공간입니다. 또한 흥이 나는 곳이기도 합니다.

– 사석원의 『막걸리 연가』 중에서

한 잔 두 잔 소박한 술맛에 몸은 취해 가고 소박한 정에 마음은 맑아지고 순해졌다. 어느 시인이 말했듯 정처럼 옮아오는 막걸리의 맛이었다. '막걸리는 정(情)이다'라고 한 것은 막걸리가

스스럼없이 함께 나누기 가장 좋은 술이기 때문이다. 막걸리잔을 기울이며 소통할 수 있는 대폿집이 일본의 이자카야(いざかや), 외국의 바(bar), 영국의 펍(pub)과 어깨를 나란히 할 수 있는 공간으로 다시 태어나길 바란다.

서울

종로통에 남아있는 옛날식 대폿집 – 남원집

옛날식 대폿집은 대개 탁자가 몇 개밖에 들어가지 않는 좁은 공간을 갖고 있으며 아주머니나 나이 드신 할머니가 혼자 술과 안주를 내는 경우가 많다. 공간이 좁다는 것은 대폿집의 큰 매력 중 하나다. 옆 테이블 사람과 자연스럽게 얘기도 하고 건배도 할 수 있기 때문이다. 종로 피맛골은 생선구이와 빈대떡 등을 내는 선술집이니 대폿집이니 하는 자그마한 술집이 많던 곳이다. '열차집' '청일집' '경원집' 등 누구나 들으면 알 수 있는 대폿집들이 이곳에 있었다. 재개발 바람이 불면서 골목 구석구석 박혀 있던 대폿집들이 사라지거나 다른 곳으로 옮겨갔다. 그러나 아직 그 자리에 남아있어 반갑고 고마운 곳이 있으니, 바로 SC 제일은행 본점 뒤쪽 좁은 골목길에 있는 대폿집 '남원집'이다.

4개의 테이블밖에 놓을 수 없는 비좁은 가게 안은 언제나 손님으로 북적거린다. 종로통에서 장사하는 아저씨, 양복을 입은 회사원을 비롯해 언론인과 예술가 등 각양각색의 손님들이 이곳을 드나든다. 그들이 옹기종기 모여 연신 막걸리잔을 부딪친다. 막걸리만큼 대폿집 또한 포용력이 넓다.

대폿집의 꽃은 역시 주인장이다. 주인장에 따라 대폿집의 분위기가 달라진다. 전라북도 남원 출신의 이곳 사장님은 말수가 적고 무뚝뚝해 보이지만 무심한 듯 손님들을 챙긴다. 바로 깎아 내 온 향긋한 오이를 고추장에 찍어 막걸리 한 사발을 들이킨다. 막걸리 안주라 하면 고추, 오이에 된장, 김치만 있으면 된다 하나 그게 어디 그러한가?

물이 통통하게 오른 대구 한 마리를 넣고 칼칼하게 끓여 낸 대구찜은 달달하면서 청량한 '서울 막걸리'와 잘 어우러진다. 계절 안주이긴 하나 부드러우면서 탱탱하게 삶아 낸 꼬막의 맛도 좋다. 찬바람 나는 가을이 되면 씹을수록 단맛이 돌아 시큼한 막걸리 안주로 그만이다. 여름에는 선선한 바람이 부는 가게 앞 야외 테이블에 앉아 종로의 밤하늘을 보며 마시는 막걸리 또한 그만이다.

가난한 젊은이들의 해방구 – 학사주점 와사등

와사등은 종로 쪽에서 인사동으로 들어가는 골목길 한쪽에 자리 잡은 곳이다. 판잣집 모양새를 한 대폿집으로 간판을 내걸지 않아 불리는 이름 또한 다양하다. 전봇대가 있어 '전봇대 집'과 '봇대집'이라고도 하며 낮은 천장, 어둠침침한 분위기가 암울한 현실 속에서 방황하는 현대인의 비애를 읊은 김광균의 시 「와사등」을 연상시킨다 하여 와사등으로 부르기도 한다. 홉

사 지하 아지트 같은 그곳에 들어가면 현실 세계와 격리된 기분이 든다. 마치 옛 학사주점처럼 자유분방하다. 테이블에 앉으면 곱게 머리를 빗어 넘긴 아줌마가 칼칼한 목소리로 찌그러진 세숫대야 같은 커다란 양은그릇을 내놓는다. 물론 그 안에는 막걸리가 넘실댄다. 일심동체의 의미를 담는 사발식에 안성맞춤이다.

안주로는 소금을 곁들인 고갈비를 내어 주는데 막걸리 안주로 가장 흔했던 안주 중 하나였다. 그런데 언제부터인가 이곳에서는 고등어가 아닌 임연수 구이가 나온다. 양은그릇의 막걸리는 가는 날에 따라 맛의 차이가 크다. 시금털털한 막걸리가 소금에 찍은 고소하고 짭조름한 임연수 구이와 잘 어우러진다. 천장이며 벽은 낙서로 가득하다. 낙서는 학사주점의 상징코드 중 하나였다. 사람들은 젊은 날의 저항과 고뇌, 사랑과 추억을 낙서로 남겼다. 1980년대 젊은이들의 해방구이자 자유공간이었던 와사등. 고민할 수 있었던 그 순수함이 그리운 7080세대와 이 시대를 고민하는 젊은이들이 오늘도 와사등의 자리를 메우고 있다.

선주후면(先酒後麵)의 맛이 있는 대폿집 – 유진식당

요즘 서울에서 막걸리가 2,000원 하는 대폿집을 찾기란 어려운 일이다. 그러나 서울 중심가에 그런 대폿집이 있다. 탑골공원 후문 쪽에 자리 잡은 대폿집 '유진식당'이다. 주머니 가벼운 서민들을 위해 좀처럼 가격을 올리지 못하고 저렴하게 술과 안주를 내 준다. 그들의 아름다운 보시(布施)에 주당들의 발걸음이 가볍다. 막걸리 안주로 가장 대중적인 메뉴인 빈대떡과 머리 고기, 홍어회 등을 내는데 저렴하다고 해서 부실한 것은 아니다. 특히 돼지비계 기름을 사용해 바삭바삭 구워낸 빈대떡은 남녀노소 불문하고 인기가 좋다.

'선주후면'이란 무엇인가? 냉면의 본고장인 평양 지방에서 자주 쓰이는 말로, 술을 먼저 마시고 후에 국수(면)로 마무리하는 것을 말하는데 평양 지방에서 귀한 손님을 대접하는 식사법이었다고 한다. 이곳은 선주후면이 가능한 대폿집이다. 술 한잔 후 메밀이 70% 함유된 시원한 냉면을 먹고 있노라면 정신이 번쩍 들면서 알딸딸한 취기가 달아난다.

노동자들의 오아시스 – 점심은 보리밥집, 저녁은 대폿집

지하철 을지로3가역 일대에는 타일, 공구 등을 판매하는 크고 작은 상점들이 몰려 있는데 좁다란 골목 사이에는 이곳에서 일하는 노동자들이 한잔하면서 하루의 피로를 푸는 서민적인 술집들도 많이 들어서 있다. 1,000~1,500원 하는 노가리에 2,500원 하는 생맥주를 마실 수 있는 일명 '노가리 골목'도 이곳에 있다. 이 노가리 골목에서 안쪽으로 더 들어간 후미진 골목길에 불빛을 내고 있는 곳이 바로 대폿집 '우화식당'이다. 가게 처마 밑에 시래기와 코다리가 걸려 있곤 하는데 도심에서 좀처럼 볼 수 없는 풍경에는 시골 대폿집처럼 정겨움이 있다. 테이블이 4개밖에 없는 실내에서 마시는 것도 좋지만 백열등

가로등불이 비치는 어스름한 골목 귀퉁이에서 마시는 막걸리도 운치가 있다.

구덕구덕 말린 코다리에 콩나물을 듬뿍 넣어 매콤하고 칼칼하게 맛을 낸 코다리찜 때문에 막걸리 잔을 드는 손이 바빠진다. 큼지막한 소고기전이며 두부김치며 인심 좋은 주모가 만들어내는 안주는 모두 푸짐하다. 인심은 좋되 취했다 싶으면 술을 더 주지 않는 강한 통제력을 보이는 주모이기도 하다. 때론 서운하기도 하지만 그 관여가 나쁘지 않다.

주모의 손맛에 술이 술술 – 포항식당

'포항식당'은 낙원동 포장마차 골목에 있는 허름한 대폿집이다. 4인용 테이블 3개가 비좁게 놓여 있는 1층과 경사진 계단을 올라가면 천장 낮은 다락방이 있다. 학창 시절 다락방에서 대낮부터 술을 마시던 추억이 있는 사람들에게는 그때 그 시절을 떠올리게 한다. 은밀함과 호젓함이 지금도 참 매력적이다.

주모가 바닷가인 포항 출신이다 보니 바다 내음 가득한 안주가 많다. 계절 안주이긴 하나 과메기를 비롯해 흔하지 않은 상어구이, 아귀 수육, 문어 그리고 홍어까지……. 정과 애교가 넘치는 주모는 술을 마시고 있다 보면 이것저것 다른 공짜 안주를 조금씩 가지고 와 "요거도 먹어보래!" 하며 챙겨준다. 가끔은 "요렇게 먹어야 된데이!" 하며 과메기에 파를 얹고 김에 싸서 입에 넣어 주곤 한다. 김치를 쭉쭉 찢어 밥 위에 올려 주던 어머니의 모습이다. 주모의 손끝에서 오는 인정이야말로 대풋집 최고의 안주다.

나비가 되어 날아 보자 – 장자의 나비

수많은 주점이 있는 인사동. 그러나 좋은 술을 마시기란 여간 어렵지 않다. 인사동 뒷골목 안쪽에 호젓하게 자리 잡고 있는 '장자의 나비'는 대폿집이라기보다는 민속주점이다. 이곳에 가면 남자 주인장이 전통방식으로 빚은 술맛을 볼 수 있다. 주인장의 술은 그의 인상만큼 깊고 깔끔하다. 흰빛이 고운 막걸리, 맑은 빛을 띠는 청주의 맛도 그만이며 한 방울 한 방울 증류하여 담아낸 투명한 소주의 맛은 감탄사가 절로 나온다. 오감을 일깨우는 술상에 내가 나비인지 나비가 나인지 모를 수도 있다. 사실 서울 시내에서 막걸리를 직접 빚어내는 대폿집을 찾기란 그리 쉽지 않다. '천호동 할매집' '제기동 할매집' '신당동 30년 된 홍어집'에 가면 전통누룩으로 직접 빚은 막걸리를 만날 수 있다.

강원도

산골 할머니의 산초두부와 막걸리 – 고향집

'고향집'은 강원도 평창군 평창읍 터미널 옆 시장길 모퉁이에 있는 대폿집이다. 나무틀에 유리창을 끼운 미닫이문을 열고 들어간 순간 타일이 오밀조밀 붙어 있는 조리대와 세월의 손때가 그대로 느껴지는 나무테이블, 그리고 나그네를 살뜰히 반기는 팔순의 할머니가 그곳에 있다. 시골 대폿집을 다니다 보면 타일로 된 조리대를 발견할 수 있는데 1960년대 부엌을 개량화하면서 타일을 붙인 조리대가 나오기 시작했다. 이제는 사라져 가는 생활양식이지만 옛 대폿집에 가끔 남아 있곤 한다. 카운터 테이블도 되는 타일조리대는 옛 대폿집의 운치를 더해주는 요소다.

40여 년 전 대폿집을 시작한 할머니는 이곳에서 자식들을 키워 다 외지로 보냈고, 몇 년 전에는 할아버지를 먼저 저 세상으로 보냈다. 팔순이 된 할머니는 손님과 어울리는 걸 좋아하시는데 그 재미에 장사를 한다 하신다. 할머니의 두부구이는 동네 사람들에게 인기다. 할머니가 직접 따서 낸 산초기름을 듬뿍 두르고 손 위에 놓고 뚝뚝 자른 두부를 그 위에 올린다. 투박하지만 정감이 있다. 산초기름의 진한 향이 배인 두부가 순한 막걸리의 맛과 잘 어우러진다. 나그네는 술을 마시고 할머니는 옛이야기를 풀어놓는다. 이렇게 산골의 저녁이 자꾸 깊어만 간다. 낯선 곳에서 대폿집은 나그네를 맞는 사랑방이다.

충청도

근대 풍경이 공존하는 젓갈 동네 – 강경의 대폿집

충청남도와 전라북도의 경계선에 자리 잡은 강경은 금강하구와 내륙이 통하는 뱃길의 요충지로 포구가 발달했다. 한 달에 여섯 번 서는 장날이면 포구는 해물이며 여러 지방의 특산물을 실은 돛단배로 가득 찼으며 각지에서 몰려든 뱃사람과 봇짐장수, 등짐장수, 좌판장사 등으로 떠들썩했다. 이런 곳에 술집이 없을 리 없다. 전쟁 후에는 '과붓집' '충주댁' 등의 간판을 내건 대폿집이 많았다. 대부분 전쟁통에 남편을 잃은 미망인들이었다.

지금이야 젓갈이 많이 알려졌지만, 예전부터 강경은 근대의 풍경으로 유명했다. 발길 닿는 대로 동네를 걷다 보면 1900년대에 지은 은행과 상점, 일본식 가옥, 정미소, 창고 등의 근대건축물을 쉽게 만날 수 있다. 약간의 상상력을 동원해 골목길을 걷고 있다 보면 마치 타임머신을 타고 한 세기의 세월을 거슬러 올라온 기분에 젖어든다.

대폿집 '서창집'은 한적한 골목길에 있다. 강경 출신의 주모는 동네 사람들과 멀리서 오는 사랑방 손님을 위해 직접 술을 빚어낸다. 대폿집에 딸린 방 한쪽에는 술독이 놓여 있다. 쌀과 누룩으로 빚은 동동주는 쌉싸래한 맛과 함께 홍시의 단맛처럼 달달한 감칠맛이 혀끝에 감돈다. 그야말로 삼삼한 맛이다. 그때그때 물 좋은 생선이며 채소를 사와 안주로 내 준다. 이 사정 저 사정 다 아는 사람들이 한 사람 한 사람 모이는 동네 대폿집의 모습이 그대로 남아 있다.

전라도

공짜 안주 내주던 선술집의 진화 – 전주 막걸리

맛의 고장 전주에서 전주 막걸리라 함은 막걸리 그 자체보다 막걸리를 제공하는 방식에 특징이 있다. 주전자 가득 부은 막걸리의 가격은 1만 2천 원~1만 5천 원. 주전자 하나를 시키면 12~20여 가지의 안주가 공짜로 따라붙는 술상이 차려진다. 주전자를 추가하면 할수록 새로운 안주가 계속해서 나온다. 그저 따라 나오는 안주라 하여 부실하지도 않다. 전라도 아낙네들의 야무진 손길과 후한 인심에 그 모양새며 맛과 양이 모두 알차다. 전주에는 이런 식의 막걸리집이 뭉쳐 있는 막걸리 골목(타운)이 몇 군데 있는데 막걸리집마다 나오는 안주가 조금씩 다르나 푸짐함은 비슷하다. 삼천동 막걸리 골목의 '용진집' '로또집', 서신동 막걸리 골목의 '막걸리 일번지' '옛촌막걸리'가 늘 사람으로 붐빈다.

내놓는 막걸리는 대부분 〈전주주조공사〉의 '전주 생막걸리'다. 같은 막걸리이긴 하나 두 계파로 나누어진다. 잘 흔들어 마시는 보통의 막걸리와 침전물을 가라앉힌 후 맑은 부분만 따라 마실 수 있게 해 놓은 맑은술이 그것이다. 많은 안주를 즐겨야 하기에 포만감이 덜하고 부드러운 맑은술을 찾는 사람도 많다. 그러나 막걸리는 역시 젖빛이 돌아야 제맛이다.

테이블마다 부딪치는 잔만큼 이야기도 깊어간다. 주당들이 마음 편하게 무장해제 되는 전주의 막걸리집에서는 오늘도 행복한 막걸리 잔치가 벌어진다.

타일조리대 화덕에서 안주를 굽다 – 정화집

벼농사가 시작된 평야의 고장 김제시 교동 골목 어귀에 자리 잡은 '정화집'도 카운터식 타일조리대가 있어 옛 시절의 정취를 느낄 수 있는 곳이다. 주모는 테이블 안쪽에 서서 연신 손님에게 안주를 내놓는다. 특별한 메뉴판도 없다. 그저 주모가 내어주는 것이 그날의 안주가 된다.

필자가 우연히 찾아 들어간 정화집의 주모가 테이블에 내준 안주가 말고기 갈비부터 시작해 갈치젓, 사롱난(부화하지 못한 달걀. 곤달걀이라고도 함) 등 난이도 높은 안주들이라 곤드레만드레 취해 정신을 못 차린 곳이기도 하다. 주모는 말수가 적지만 적당한 때 추임새를 넣는 재주가 좋다. 주모와 손님 사이에 있는 타일조리대 중앙에는 화덕이 있다. 이곳에 석쇠를 놓고 생선이나 고기를 굽는다. 그 앞에서 술잔을 기울이며 안주를 기다린다. 흡사 과거 선술집과 목로집의 모습을 하고 있다. 허름하고 누추하지만 도시에서는 찾아볼 수 없는 인정미가 매력적이다.

목포 오거리 문인들의 대폿집!

잔잔한 목포 앞바다가 보이는 유달산 공원입구. 공원에서 계단을 타고 내려와 대의동, 유달동, 중앙동 거리를 거닐다 보면 근대건축물이 어우러진 구시가지의 모습을 엿볼 수 있다. 이 부근에 '무안동'이라는 버젓한 이름이 있지만 사람들에게 '오거리'로 더 많이 알려진 곳이 있다. 일제강점기에는 일본 세력과 조선인 세력이 팽팽히 맞섰던 곳이며 한국전쟁 이후 1950~1970년대에는 화가와 소설가, 시인 등 예술가와 문인들이 활동한 주무대이기도 했다.

해질 무렵 문화카페였던 다방에서 나와 문화예술인들이 향하는 곳은 주점이었다. 그들과 함께한 다방과 주점은 세월 속에 묻혀 지금은 그 모습을 찾기 어렵지만 오거리 도로가 한쪽에 있는 '덕인집(구 덕인주점)'이 지난날의 아쉬움을 달래준다. 붉은 구기자 빛이 감도는 인삼 구기자 동동주에 삼합과 홍어애탕, 깡다리 조림, 민어탕 등 남도의 진한 안주 맛을 볼 수 있다.

최근에는 침체됐던 오거리에 예술가들이 찾아들고 미술화랑도 늘어나 조금씩 활기를 되찾고 있다. 이곳에 새롭게 둥지를 튼 '주막 오거리'는 목포 출신인 전각서예가 남편과 진도 출신의 부인이 함께 꾸려 나간다. 그래서일까? 예술인들의 출입이 잦은 곳이기도 하다. 제대로 흥이 나면 부인의 구성진 진도아리랑을 들을 수도 있다.

경상도

밀양의 자랑거리 막걸리, 그 맛을 찾아서!

옛날 경상도 자랑에 '대구는 탕반, 진주는 비빔밥, 밀양은 막걸리'라는 말이 나온다. 막걸리로 유명했다는 밀양. 그 맛을 그리며 찾아간 곳이 바로 밀양 무안면에 있는 '할매집(현 전원일기)'이다. 해방 후 일본 후쿠오카에서 귀국한 할머니는 한국전쟁이 끝날 무렵 동네 길가에 대폿집을 냈다. 술 빚는 솜씨와 음식 솜씨가 좋아 가게는 늘 손님으로 북적였다.

13년 여 전에 할머니가 돌아가시고 술 빚는 솜씨는 며느리인 양승단 씨에게 이어졌다. 목으로 넘어가는 흰빛의 동동주는 누룩 향과 단맛이 은은하게 퍼지면서 쌉싸래한 맛이 기분 좋게 남아돈다. 시어머니에서 며느리에게 이어진 술 빚는 비결 중 하나는 술덧에 날계란을 넣는 것이다. 신맛을 잡아주고 잡내가 없는 깔끔한 술이 된다고 한다. 과학적 근거를 떠나 생활의 지혜일 것이다.

잘 빚어진 술, 거기에 경상도로 시집온 전라도 영암 출신의 며느리가 만들어 내는 논고동무침과 쩜에는 아무데서나 볼 수 없는 토속성이 있다. 밀양 시내에서 버스로 25분 정도 걸리는 무안면은 밀양 돼지국밥으로도 유명한 곳이다. 오일장(1·6일)이 서는 날, 국밥으로 후루룩 배를 채우고 장 구경을 마친 뒤 탁주 한잔 시원하게 비워 봐도 좋다.

예술가와 문인들이 사랑한 대폿집!

용두산 공원 밑에 있는 백산 거리 아래 좁은 골목길에는 부산에서 활동하는 문화예술인들이 드나들던 대폿집이 많다. 한자로 쓰인 간판을 단 '부산포(釜山浦)'도 그중 한 곳이다. 밤이 찾아오면 그림 그리고 시를 쓰던 꾼들이 이곳에 모여들었고, 그들은 술을 마시며 숱한 이야기와 추억을 남겼다. 휘갈긴 듯 그린 자유분방한 캐리커처나 그림들이 지난 세월의 흔적을 말하는 듯 빛바랜 채 벽에 걸려 있다.

이곳에는 특별한 것 두 가지가 있는데, 하나는 40년간 '대장'이라 불리는 주모다. 줄담배를 피워대는 대장은 지나치게 친절하지도 않지만 그렇다고 불친절하지도 않다. 언제나 손님들과 적당한 거리를 지키고 그저 바라본다. 관조(觀照). 그것이 손님을 대하는 그녀의 방식인 듯하다. 두 번째 특별한 것이라면 술과 안주다. 홍어 삼합, 서대구이 등 예술계 주당들의 아지트답게 부산치고는 흔치 않은 안주를 내고 있다. 도자기 항아리에 담겨 나오는 동동주는 3대째 술을 빚고 있는 집에서 찹쌀로 직접 담근 술인데 맛이 깔끔하면서 뒷맛이 좋다. 안주를 시키면 몇 개의 찬이 오른다. 그중 감자와 김을 굽이 높은 제기에 담아 내온다. '산 자와 죽은 자는 종이 한 장 차이'라는 가르침이 담겨 있는 걸까? 기분이 묘하다.

백산 거리에는 부산포뿐만 아니라 과거 문화예술인들의 사랑방 역할을 했던 '계림'과 '강마을' 등의 대폿집이 지금도 불빛을 내고 있다.

일본, 막걸리에 취(醉)하다

    몇 년간 대중매체에서 일본에서의 막걸리 인기를 집중적으로 보도하는 일이 많았다. "오이시이(おいしい: 맛있어요)~!"를 연발하며 막걸리를 즐기는 일본인들. 특히 젊은 여성들의 모습은 신선한 충격이었으며 그동안 등한시했던 막걸리에 대해 돌이켜보는 계기가 되기도 했다. 한국의 막걸리 열풍에 일조하기도 한 일본에서의 막걸리 인기는 여전히 화두가 되고 있으며 그 행보에 귀추가 주목된다.

재일교포들이 내놓던 밀조주(密造酒) 막걸리

    일제가 패망한 1945년부터 1960년대까지는 일본 사회 전반

이 어려웠던 시기로 술이 필요한 시대였다. 이때 재일교포 중에는 집이나 식당에서 막걸리 또는 소주를 몰래 빚어 유통하거나 직접 판매하는 경우가 많았다. 바로 밀조주(密造酒)다. 특히 재일교포가 많은 오사카(大阪)나 규슈(九州) 지역에서는 집 일부를 술집으로 개조해 재일교포를 대상으로 호르몬야키(ホルモン 焼き: 곱창구이)와 함께 밀조주인 막걸리와 소주를 팔았다. 도수가 낮고 청량감과 산미가 있는 막걸리는 기름기가 많은 호르몬야키와 궁합이 맞아 인기가 좋았다.

재일교포들이 저렴하게 즐기던 막걸리와 호르몬야키의 맛이 소문을 타면서 일본인 노동자나 술 좋아하는 일본인들에게까지 퍼져나갔다. 호르몬야키 굽는 연기가 자욱한 재일교포의 술집에서 밀조주를 즐기던 일본인들은 막걸리를 '막거리' '막가리'라 불렀다.

재일교포의 생활과 밀접했던 밀조주는 그들의 삶을 그린 일본영화에도 자주 등장했다. 1960년대 후반을 배경으로 재일교포들의 애환을 담은 일본영화 「박치기(パッチギ, 2005년작)」를 보면 북송선을 타고 갈 주인공을 위해 송별회를 하는 장면이 나온다. 공원 잔디밭에 둘러앉은 식구와 이웃들이 됫병(대병)에 담긴 밀조주 막걸리를 따라 마시며 덩실덩실 춤을 추고 노래한다.

재일교포, 특히 전후 미망인들의 주요 생계수단이었던 밀조주는 말 그대로 몰래 빚어 파는 무허가 주류였다. 불시에 들이닥치는 밀조주 단속반에 걸려 수감되는 경우도 적지 않았으며 신문에 기사화되기도 했다.

일본 사회의 냉대와 차별 속에서 재일교포의 생활수단이자 애환을 달래주던 밀조주는 이제 찾아보기 어렵다. 단지 동경, 오사카 등 코리아타운에 추억의 술로 밀조주 막걸리를 내는 식당이 몇 군데 남아 있다는 풍문이 있을 뿐이다.

막걸리, 일본 여성들을 사로잡다!

1995년 일본 내 한국 막걸리 수입판매 업체인 〈이동재팬〉이 포천막걸리의 대명사인 〈이동주조〉의 '이동막걸리'를 수입하면서 일본 내 한국 식당과 술집 등에서 한국산 수입 막걸리를 마실 수 있게 되었다. 〈이동재팬〉은 이동막걸리를 유통하면서 초창기 수입 막걸리 시장을 선점해 갔다. 당시 막걸리 소비층은 주로 중·장년층 남성들이었다.

2000년대 들어와 한류의 영향으로 한국 음식에 대한 관심이 고조되자 〈이동재팬〉의 이동막걸리뿐만 아니라 각 지방 양조장의 막걸리가 소규모로 수입되어 동경과 오사카, 후쿠오카 등 대도시 코리아타운의 식당 등에 유통된다. 더불어 한류의 중심이 일본 여성이다 보니 막걸리에 대한 일본 여성들의 관심도 높아지게 되었다. 한국과 달리 막걸리에 대한 고정관념이 없고, 도수가 낮으면서 단맛과 신맛이 좋으며 유산균과 식이섬유가 다량 함유된 '웰빙주'라는 이미지가 일본 여성층에게 쉽게 소구(訴求)되면서 화제의 술이 된다. 시장의 흐름을 파악한 〈이

동재팬〉은 2008년 여성 소비층을 타깃으로 CF를 제작해 막걸리로는 처음 공중파TV 광고를 한다. 이어 '닛코리(にっこり: '미소짓다'의 일본어) 맛코리(マッコリ: 막걸리)'라는 이동의 일본 브랜드명이 폭넓게 확산되는 계기가 되면서 2009년에는 일본 막걸리 시장의 80%를 점유하게 된다.

한편 흰 막걸리뿐만 아니라 검은콩 막걸리, 호박 막걸리 등 부재료를 이용한 색깔 있는 막걸리가 수입되면서 일본 여성들에게 골라 마실 수 있는 즐거움을 더해 준다. 일본에 수출하는 막걸리는 일본 내 막걸리 소비의 90% 정도를 점하고 있는 일본 여성들의 취향을 고려해 대체로 국내산보다 단맛과 경쾌한 맛을 중시한다.

2008년까지 일본에서 한국산 수입 막걸리라고 하면 가열 처리한 살균 막걸리가 대부분이었으며 생막걸리는 그 수가 적어 좀처럼 맛볼 기회가 없었다. 최근에는 발효제어기술과 냉장 운송의 발달 등으로 일본 내 생막걸리의 유통이 서서히 증가하는 추세다.

제2의 막걸리 마케팅 전쟁이 시작되다!

2010년을 기점으로 대일 막걸리 수출액이 일본주(사케) 수입액을 근소한 차이로 누르더니 2011년에는 대일 막걸리 수출액이 일본산 사케 수입액의 무려 3~4배가 되었다는 소식이 들려왔다. 일본이 막걸리의 최대 시장이긴 하지만 급속도로 막걸리 소비가 증가한 원인의 하나로 국내 대형 막걸리 업체의 진출과 활발한 마케팅 활동을 들 수 있다. 막걸리 열풍이 일기 전 일찌 감치 일본 시장에 진출해 막걸리 시장을 개척한 업체는 〈이동재팬〉이었다. 일본 막걸리 시장을 선도하며 가장 높은 시장점 유율을 차지했으나 최근 새롭게 진출한 대형업체에 그 순위를 내주었다.

1979년 진로 소주로 일본 시장에 진출한 〈진로재팬〉은 2009년 12월부터 진해의 〈일송주조〉, 포천의 〈상신주가〉에서 OEM(original equipment manufacturing: 주문자위탁생산) 형식으로 생산된 '진로막걸리(JINRO マッコリ)'를 일본 시장에 판매하기 시작한다. 일본 내 진로 소주가 가진 브랜드 파워와 적극적인 마케팅 전략에 힘입어 막걸리 시장에 쉽게 안착할 수 있었다. 2011년에는 국내 최고의 판매율을 자랑하는 '서울 장수 막걸리'의 제조업체인 〈서울탁주제조협회〉, 한국의 유통업체인 〈롯데주류〉, 일본 측 유통업체인 〈산토리(SUNTORY)〉가 손을 잡고 일본 시장에 '산토리 서울막걸리'를 출시했다. 일본에서 가장 뜨고 있는 한류스타 장근석을 기용한 TV 광고가 여성 팬들에게 폭발적인 인기를 얻으면서 판매율도 급상승했다. '장근석 막걸리'라 불리면서 마침내 2011년 막걸리 시장 점유율 1위를 차지했다.

그 밖에 〈국순당〉과 〈CJ 제일제당〉 등 국내 막걸리 업체들이 일본 내 막걸리 시장에 진출해 국내가 아닌 일본에서 제2라운드의 마케팅 전쟁을 벌이고 있다. 국내 대형 막걸리 업체와 40

여 개의 군소 막걸리 업체가 진출해 있는 일본 시장. 2012년 상반기 대일 수출액은 작년 대비 감소했다. 이런 상황에서도 국내 업체 간의 과당경쟁은 계속되고 있어 제 살 깎아 먹는 식이 되지 않을까 하는 우려도 든다.

한편 일본에서 제조한 일본산 막걸리가 '화(和) 막걸리'라 불리면서 조금씩 증가하는 추세다. 막걸리 제조를 위해 주조면허를 새로 취득해 막걸리를 빚거나 사케를 빚고 있던 기존의 양조장에서 막걸리를 빚고 있다. 전자의 경우, 2007년 동경 신주쿠에서 재일교포 한길수 사장이 운영하던 한국 음식점 〈생막걸리가(生マッコリ家)〉에서 빚은 '한상 막걸리(韓さんマッコリ)'가 있다. 이는 일본산 생막걸리 1호였다.

그 밖에 〈치요무스비주조(千代むすび酒造)〉의 '도쿄막걸리(東京マッコリ)', 〈니시다주조(西田酒造)〉의 '니혼막걸리(日本マッコリ)', 〈아리가양조(有賀醸造)〉의 '도라막걸리(虎マッコリ)', 〈뿅뿅사(ぴょんぴょん舎)〉의 '나마막걸리생(生マッコリ「ヒン」)', 〈요시쿠보주조(吉久保酒造)〉의 '우사기노 댄스(うさぎのダンス)' 등이 시중에서 인지도를 넓혀 가고 있다.

이들 업체들은 일본산 쌀을 사용하고 인공 감미료를 넣지 않은 생막걸리 등 한국산 막걸리와의 차별화를 강조하면서 공격적인 마케팅을 하는 추세라 앞으로의 일본 내 막걸리 시장경쟁은 더 치열해질 것으로 보인다.

일본의 술 '도부로쿠'와 '니고리자케'

일본에도 한국의 탁주와 비슷한 '도부로쿠'와 '니고리자케'라는 술이 있다. 도부로쿠(どぶろく: 濁酒)는 여과시키지 않은 가장 원초적인 형태의 탁한 발효주이고, 니고리자케(にごりざけ: 濁り酒)는 체에 거칠게 여과시킨 발효주다. 일본 주세법상 도부로쿠는 잡주(雜酒)이며 니고리자케는 청주에 속하는 탁한 술이다.

한국의 막걸리에 가까운 도부로쿠는 신맛이 도드라지고 물로 제성하지 않아 보통의 막걸리보다 도수가 두 배 정도인 12~14도의 술이다. 일본주(사케)가 대중화되기 이전 1900년대 초기까지 전국적으로 많은 양이 소비되던 술이다. 그러나 일본 주가 대중주로 정착하면서 한국의 막걸리만큼 대중적인 술은 되지 못했다. 최근 막걸리가 인기를 얻으면서 비교 대상으로 도부로쿠와 니고리자케가 자주 언급되고 있으며 '막걸리풍 도부로쿠' '막걸리풍 니고리자케' '생막걸리풍 활성니고리자케(活性にごりざけ: 고온살균하지 않은 니고리자케로 천연탄산을 함유해 발포성이 강함)'라는 표현까지 나오고 있다. 막걸리의 인기가 도부로쿠와 니고리자케까지 영향을 주고 있는 것이다.

일본에서 시작된 막걸리바

2006년 재일교포와 일본인이 공동으로 코리아타운이 있는 동경 신주쿠(新宿)에 '막걸리바'라는 수식어를 단 한국음식점

겸 막걸리 전문점을 개점한다. 바로 '돼지마을'이다. 유통 상의
문제로 대부분 살균주이지만 20여 가지 막걸리를 구비해 다양
한 막걸리를 마실 수 있도록 했다. 와인 잔에 따라 마시기도 하
고 막걸리 칵테일도 개발해 메뉴에 넣었다. 이제까지 없던 막걸
리의 이미지를 만들어 낸 것이다. 서로 다른 막걸리 맛을 비교
하며 마실 수 있다는 것이 일본인들에게 큰 즐거움으로 다가
왔다. 막걸리 열풍이 불면서 한국에도 홍대와 강남을 중심으로
이곳을 벤치마킹한 막걸리 전문점이 생겨나기 시작했다. 와인
바, 일본식 선술집을 연상시키는 모던한 분위기 속에서 세계맥
주를 고르듯, 와인을 고르듯 지역의 막걸리를 골라 마신다. 막
걸리를 즐기는 패러다임이 바뀌기 시작한 것이다

　일본의 막걸리 전문점이나 음식점에서 막걸리 한 통은 보통
1,500~3,000엔(2012년 환율 기준 21,500~43,000원) 정도 한다. 물
론 생막걸리는 살균 막걸리보다 더 비싸게 팔린다. 한국과 비교
하면 3~4배 정도 비싼 가격이다. 한국을 찾은 일본인들이 막걸
리를 몇 병씩 사들고 가는 모습이 이제 이해될 것이다.

프랑스엔 〈크세주〉, 일본엔 〈이와나미 문고〉,
한국에는 〈살림지식총서〉가 있습니다.

📖 전자책 | 🔍 큰글자 | 🔊 오디오북

막걸리 이야기

| 펴낸날 | 초판 1쇄 2012년 9월 20일 |
| | 초판 2쇄 2021년 10월 29일 |

지은이	정은숙
펴낸이	심만수
펴낸곳	(주)살림출판사
출판등록	1989년 11월 1일 제9-210호

주소	경기도 파주시 광인사길 30
전화	031-946-1350 팩스 031-624-1356
홈페이지	http://www.sallimbooks.com
이메일	book@sallimbooks.com

| ISBN | 978-89-522-1949-7 04080 |
| | 978-89-522-0096-9 04080 (세트) |

089 커피 이야기   `eBook`

김성윤(조선일보 기자)

커피는 일상을 영위하는 데 꼭 필요한 현대인의 생필품이 되어 버렸다. 중독성 있는 향, 마실수록 감미로운 쓴맛, 각성효과, 마음의 평화까지 제공하는 커피. 이 책에서 저자는 커피의 발견에 얽힌 이야기를 통해 그 기원을 설명한다. 커피의 문화사뿐만 아니라 커피에 대한 일반적인 정보 및 오해에 대해서도 쉽고 재미있게 소개한다.

021 색채의 상징, 색채의 심리

박영수(테마역사문화연구원 원장)

색채의 상징을 과학적으로 설명한 책. 색채의 이면에 숨어 있는 과학적 원리를 깨우쳐 주고 색채가 인간의 심리에 어떤 작용을 하는지를 여러 가지 분야의 사례를 통해 설명한다. 저자는 색에는 나름대로의 독특한 상징이 숨어 있으며, 성격에 따라 선호하는 색채도 다르다고 말한다.

001 미국의 좌파와 우파   `eBook`

이주영(건국대 사학과 명예교수)

진보와 보수 세력의 변천사를 통해 미국의 정치와 사회 그리고 문화가 어떻게 형성되고 변해왔는지를 추적한 책. 건국 초기의 자유방임주의가 경제위기의 상황에서 진보-좌파 세력의 득세로 이어진 과정, 민주당과 공화당의 대립과 갈등, '제2의 미국혁명'으로 일컬어지는 극우파의 성장 배경 등이 자연스럽게 서술된다.

002 미국의 정체성 10가지 코드로 미국을 말하다   `eBook`

김형인(한국외대 연구교수)

개인주의, 자유의 예찬, 평등주의, 법치주의, 다문화주의, 청교도정신, 개척 정신, 실용주의, 과학·기술에 대한 신뢰, 미래지향성과 직설적 표현 등 10가지 코드를 통해 미국인의 정체성과 신념을 추적한 책. 미국인의 가치관과 정신이 어떠한 과정을 통해서 형성되고 변천되어 왔는지를 보여 준다.

058 중국의 문화코드

강진석(한국외대 연구교수)

중국의 핵심적인 문화코드를 통해 중국인의 과거와 현재, 문명의 형성 배경과 다양한 문화 양상을 조명한 책. 이 책은 중국인의 대표적인 기질이 어떠한 역사적 맥락에서 형성되었는지 주목한다. 또한, 구체적이고 실제적인 여러 사물과 사례를 중심으로 중국인의 사유방식에 대해 설명해 주고 있다.

057 중국의 정체성   eBook

강준영(한국외대 중국어과 교수)

중국, 중국인을 우리는 과연 어떻게 이해해야 하나? 우리 겨레의 역사와 직·간접적으로 끊임없이 영향을 주고받은 중국, 그러면서도 아직까지 그들의 속내를 자신 있게 말할 수 없는, 한편으로는 신비스럽고, 한편으로는 종잡을 수 없는 중국인에 대한 정체성을 명쾌하게 정리한 책.

015 오리엔탈리즘의 역사   eBook

정진농(부산대 영문과 교수)

동양인에 대한 서양인의 오만한 사고와 의식에 준엄한 항의를 했던 에드워드 사이드의 오리엔탈리즘. 이 책은 에드워드 사이드의 이론 해설에 머무르지 않고 진정한 오리엔탈리즘의 출발점과 그 과정, 그리고 현재와 미래의 조망까지 아우른다. 또한 오리엔탈리즘이 사이드가 발굴해 낸 새로운 개념이 결코 아님을 역설한다.

186 일본의 정체성   eBook

김필동(세명대 일어일문학과 교수)

일본인의 의식세계와 오늘의 일본을 만든 정신과 문화 등을 소개한 책. 일본인을 지배하는 이데올로기는 무엇이고 어떤 특징을 가지는지, 일본을 주목해야 하는 이유는 무엇인지 등이 서술된다. 일본인 행동양식의 특징과 토착적인 사상, 일본사회의 문화적 전통의 실체에 대한 분석을 통해 일본의 정체성을 체계적으로 살펴보고 있다.

261 노블레스 오블리주 세상을 비추는 기부의 역사

예종석(한양대 경영학과 교수)

프랑스어로 '높은 사회적 신분에 상응하는 도덕적 의무'를 뜻하는 노블레스 오블리주. 고대 그리스부터 현대까지 이어지고 있는 노블레스 오블리주의 역사 및 미국과 우리나라의 기부 문화를 살펴보고, 새로운 시대정신으로 노블레스 오블리주를 부활시킬 수 있는 가능성을 모색해 본다.

396 치명적인 금융위기, 왜 유독 대한민국인가 `eBook`

오형규(한국경제신문 논설위원)

이 책은 전 세계적인 금융 리스크의 증가 현상을 살펴보는 동시에 유달리 위기에 취약한 대한민국 경제의 문제를 진단한다. 금융안정망 구축 방안과 같은 실용적인 경제정책에서부터 개개인이 기억해야 할 대비법까지 제시해 주는 이 책을 통해 현대사회의 뉴노멀이 되어 버린 금융위기에서 살아남는 방법을 확인해 보자.

400 불안사회 대한민국, 복지가 해답인가 `eBook`

신광영 (중앙대 사회학과 교수)

대한민국 사회의 미래를 위해서 복지는 선택이 아니라 필수라고 말하는 책. 이를 위해 경제 위기, 사회해체, 저출산 고령화, 공동체 붕괴 등 불안사회 대한민국이 안고 있는 수많은 리스크를 진단한다. 저자는 사회적 위험에 대응하기 위한 복지 제도야말로 국민 모두의 삶의 질을 높일 수 있는 길이라는 것을 역설한다.

380 기후변화 이야기 `eBook`

이유진(녹색연합 기후에너지 정책위원)

이 책은 기후변화라는 위기의 시대를 살면서 우리가 알아야 할 기본지식을 소개한다. 저자는 기후변화와 관련된 핵심 쟁점들을 모두 정리하는 동시에 우리가 행동해야 할 실천적인 대안을 제시한다. 이를 통해 독자들은 기후변화 시대를 사는 우리가 무엇을 해야 할 것인지에 대하여 생각해 볼 수 있을 것이다.

eBook 표시가 되어있는 도서는 전자책으로 구매가 가능합니다.

㈜**살림출판사**
www.sallimbooks.com
주소 경기도 파주시 문발동 522-1 | 전화 031-955-1350 | 팩스 031-955-1355